마스터리

MASTERY

by George Leonard

Copyright © George Leonard, 1991

Korean-language edition copyright © 2021 by Gilbut Publishers, Inc.

Published by agreement with Sterling Lord Literistic, Inc. and Danny Hong Agency

The Keys to Success and Long-Term Fulfillment

MASTERY

마스터리

조지 레너드 지음 | **신솔잎** 옮김

단단한 마음,
지속하는 힘,
끝까지 가는 저력

더퀘스트

길을 걸었다.
평탄하리라 여겼던 길은 어느새 굽이굽이 이어졌고
나는 마침내 어느 한 벽 앞에 서게 됐다.

'내가 이 벽을 넘어갈 수 있을까?'
'왔던 길로 되돌아가야 하는 것은 아닐까?'
'다른 이들은 이곳을 어떻게 통과했을까?'
…

내 안에서
수많은 질문들이 넘쳐흐르다가
조금씩 멈췄다.

가야 할 곳이 어디인지 아는 사람은
머뭇거릴지언정
멈추지 않는다는
오래전 선인의 말이 생각났다.

신발끈을 고쳐매고
나는 다시 벽을 마주했다.

당신에게는
간절히 도달하고 싶은 곳이 있는가?
노력해서 얻고 싶은 무언가가 있는가?
그리고 그것을 할 힘과 의지가 충분한가?

자신이 원하는 그곳으로 가는 여정,
그게 바로 마스터리의 시작이다.

마스터의 여정을 위한
짐을 꾸리며

삶에서 진정으로 성공하기 위해 가장 필요한 것은 무엇일까?

이 질문에 관한 내 생각을 담아 〈에스콰이어_{Esquire}〉에 글을 기고한 적이 있었다. 당시 나는 4년째 '얼티밋 피트니스_{Ultimate Fitness}'라는 특집 기사를 연재하고 있었다. 이 특집 기사는 확실히 일반적인 피트니스 분야 기사와 달랐다. 나는 주로 건강을 위해 우리가 행하는 모든 것이 결국 인생과 맞닿아 있음에 관한 이야기를 주로 썼다. 특집 기사는 연재하는 내내 독자들의 뜨거운 관심을 받았지만 1987년 5월호는 차원이 달랐다. 이 호의 주제는 "처음에는 어렵지만 훈련을 통해 점차 쉽고도 즐거워지는 신비한 여정" 또는 "배움을 통해 어느 수준까지 도달하는 과정 그 자체"를 뜻하는 '마스터리'였다. 스포츠뿐 아니라 삶의 모든 면에서 마스터리를 시작하기 위한 가장 좋은 경로가 무엇인지를 이야기하고, 그 여정을 위해 꾸준히 지속하는 일보다는 쉽고도 빠른 결과를 중요시하는 사고방식을 경계해야 한다는 것이 핵심이었다.

이 기획 기사에 뜨거운 반응이 쏟아졌다. 추가 발행과 테어 시트(낱장으로 뜯어낼 수 있는 페이지—옮긴이) 문의가 빗발쳤다. 경영관리를 주제로 한 여러 뉴스레터에서 이 글을 실어도 되는지 문의해왔고, CEO들은 경영진에게 복사본을 나누어 공유했다. 다양한 트레이닝 단체에서 마스터리의 원칙에 대해 몇 시간씩 토론을 벌이기도 했다.

또한 진심을 담은 독자들의 편지가 잡지사로 쏟아졌다. 해군 소속의 한 파일럿은 F-14 톰캣Tomcat 전투기를 항공모함에 착륙시키는 것이 항상 어려웠다면서 이런 편지를 보내오기도 했다. "〈에스콰이어〉 5월호를 펼쳤을 때 저는 마지막

이 될 두 번째 도전을 앞두고 있었습니다. 마스터리에 대한 레너드 씨의 글은 당시 제게 필요했던 10퍼센트의 정신력을 채워주었습니다. 덕분에 제가 가야 할 이 길을 편안히 받아들일 수 있었습니다."

마스터리를 제대로 다루려면 책 한 권이 필요하다고 생각했지만, 그때 나는 1960년대의 회고록을 집필하고 있었다. 그리고 마스터리에 대한 사람들의 관심도 곧 사라지리라고 생각했다. 하지만 아니었다. 수많은 글과 문의를 받았고, 사실은 많은 사람이 빠른 해결책과 일시적인 안도감을 추구하는 태도를 좋지 않게 보고 있음을 알게 되었다. 그런 태도는 효력이 오래가지 않으며 결국에는 개인과 사회에 악영향을 끼친다.

다시 돌아와 삶에서 진정으로 성공하려면 삶은 극적인 이벤트의 연속이 아니라 지난한 일상의 연속으로 이뤄진다는 것을 알아야 한다. 그리하여 그 답도 아무런 목적 없이 오랫동안 걸어야 하는 여정, '마스터의 여정' 속에서 찾아야 한다. 이는 일에서는 물론이고 개인적인 삶에서도, 피겨 스케이팅이나 무술, 경제나 의학 분야, 하다못해 파스타를 만드는 법을 배울 때도 마찬가지다.

　사실 〈에스콰이어〉 기획 기사와 이 책의 아이디어는 무술에서 얻었다. 나는 1970년부터 합기도에 입문해 수련을 시작했고 1976년부터는 정기적으로 수련생들을 가르쳤다. 조화로움을 추구하는 고차원적인 움직임과 더불어 다양한 구르기와 낙법이 어우러진 합기도는 마스터하기 가장 어려운 무술로 알려져 있다. 매트 위에서는 기만이나 지나친 욕심이 그대로 드러난다. 자신의 허물이 드러나고, 그 순간만 해결하려는 미봉책으로는 아무것도 모면할 수가 없다. 동시에 수련의 즐거움 또한 깊다. 나는 수련생들에게 매트는 돋보기를 들이댄 세상, 작은 인생이라고 설명하곤 한다.

　합기도장은 장기적 배움에 도움을 주는 요소와 그렇지 못한 요소를 깨닫기에 이상적인 장소다. 나는 도장을 거쳐 간 수련생 수백 명을 경험하며 무술에 접근하는 방식이 각기 어떻게 다른지 볼 수 있었다. 몇 번만 수업해보면 사람들은 크게 세 가지 유형의 학습 태노를 보인다. 이것저것 흉내는 사람, 강박에 사로잡힌 사람, 현실에 안주하는 사람이 바로 대표적인 세 유형이다.

이들 유형도 결국은 얼마 못 가고 포기했지만, 처음에 가장 뛰어난 재능을 보였던 사람이 검은 띠를 따기도 전에 포기하는 경우도 있었다. 이때 나는 꽤 충격을 받았었다. 물론 사람마다 마스터가 되기 위해 선택하는 경로는 제각각이다. 하지만 결국에는 모든 길이 한 방향으로 향한다는 것을, 가장 또렷하게 보이는 방향으로 향한다는 것을 깨달았다.

하지만 이렇게 합기도장에서 깨달은 바를 다른 기술에 적용할 수 있을까? 〈에스콰이어〉 특집을 준비하며 진행했던 여러 인터뷰와 더불어 독자들의 반응을 통해 나는 합기도 수련자들에게 해당하는 이야기라면 기술을 배우는 다른 모든 사람에게도 적용할 수 있음을 확신했다. 매니저, 예술가, 파일럿, 초등학생, 대학생, 목수, 운동선수, 부모, 종교인, 심지어 사람이 아닌 변화의 과정에 놓여 있는 조직이나 문화까지도 말이다.

마스터를 향한 여정은 쉽고도 즉각적인 결과를 추구하는 오늘날의 사회 분위기 속에서도 깊은 뿌리를 자랑하며 여전히 큰 힘을 발휘한다. 마스터리란 이제 와 중요하게 여겨질 사상이 아니라 원래부터 존재했으며 다만 우리가 상기해야 할 주제다. 이 마스터리를 상기시킨 것만으로 수많은 삶이 크게 변화했다는 점을 무척이나 기쁘게 생각한다. 이 책을 통해 더 많은 사람이 마스터리의 여정에 오르길, 그리고 내면의 마스터리를 깨우치길 바란다.

차례

프롤로그 마스터의 여정을 위한 짐을 꾸리며 ·10

1부

경지에 오르는 첫 걸음

1장 우리는 모두 마스터를 꿈꾼다 ·24

마스터리 곡선이 우리에게 알려주는 것 · 37

2장 한계의 벽 앞에서 당신은 어떤 유형인가 ·42

여기저기 손대는 사람 · 43 ┃ 강박에 사로잡힌 사람 · 45 ┃ 현실에 안주하는 사람 · 48

3장 우리의 발목을 잡는 성공 판타지 ·52

끝없는 절정의 유혹에 빠진 사람들 · 57 ┃ 손쉬운 해법은 위기를 부른다 · 65

4장 슬럼프를 즐겨라 · 67

정체기에 충분히 머물러야 하는 이유 · 69 │ 마스터의 진짜 얼굴 · 80

─────── ┤├ 2부 ┤├ ───────

마스터가 되기 위한 다섯 가지 질문

5장 첫 번째 질문: 누구에게서 배울 것인가 · 88

최고의 스승, 최악의 스승 · 94 │ 때론 초심자가 가장 정확히 배운다 · 100 │
좋은 말과 형편없는 말 · 103 │ 스승은 어디에나 존재한다 · 107 │ 적당히 거
리를 두어라 · 110

6장 두 번째 질문: 어떻게 연습일 것인가 · 112

남들보다 매일 5분 더 연습하라 · 116

7장 세 번째 질문: 무엇을 버려야 하는가 · 123

지금까지의 '나'를 버려라 · 127 │ 마스터는 배우는 자일 뿐이다 · 130

8장 네 번째 질문: 내가 바라는 모습은 무엇인가 •134

비전은 열망을 길어 올리는 우물이다 •140

9장 다섯 번째 질문: 한계 앞에서 피하는가, 맞서고 있는가 •146

3부

마스터리를 위해 필요한 도구들

10장 당신의 결심이 실패하는 이유 •157

11장 우리 안의 에너지를 믿어라 •173

12장 마스터로 가는 길에서 만나는 13가지 함정 •192

13장 일상에서 마스터리를 활용하는 법 ·206

운전으로 고난도의 기술 마스터하기·208 │ 리듬을 따라 자연스럽게 이어가는 집안일·211 │ 인간관계에도 마스터리 질문을 적용하라·213

14장 여정을 떠나기 전 마지막 체크리스트 ·219

에필로그 긴 여정에 오르는 당신에게 ·242

1부

경지에 오르는
첫 걸음

간단한 것부터 시작해보자. 아무 손이나 좋으니 손을 올려 이마를 만져보라. 쉽게 할 수 있는 일이다. 아무것도 아니다. 하지만 피아노를 꽤 배우지 않았다면 베토벤의 소나타를 연주할 수 없는 것처럼, 우리는 이마를 만지는 이 단순한 행동조차 하지 못했던 때가 있었다.

갓난아기였을 때 우리는 손의 움직임을 통제하는 것부터 배우고 난 뒤 원하는 곳으로 손을 옮기는 법을 배웠다. 운동감각이 발달해야지만 이마와 다른 신체 부위의 관계를 이해할 수 있기 때문이다. 그리고 가까운 사람의 몸 움직임, 예를 들면 엄마의 행동에 주의를 기울여 그 움직임을 따라 하는 것도 배웠다.

결코 쉬운 일이 아니다. 아직 언어를 익히는 과정은 시작도 하지 않았다. 언어를 배운다는 건 단어로 이뤄진 소리를 해석하고 그 소리에 따라 자신의 행동을 일치시키는 법을 배우는 과정이다.

이 모든 것이 이뤄져야만 전 세계 모든 부모가 자녀와 함께하는 놀이를 할 수 있다. "코는 어디 있지? 귀는 어디 있을까? 이마는 어디에 있어?" 중요한 배움이 그렇듯, 이 역시 곧게 뻗은 직선처럼 성장하는 것이 아닌 단계적으로 진행된다. 폭발적인 도약과 아무런 진전도 없는 것 같은 시기를 번갈아 겪으며 말이다.

그럼에도 중요한 능력을 배운다는 사실은 변함이 없다. 더욱 중요한 건 배움에 대해 배운다는 점이다. 처음에는 어려웠던 기술이 배우고 연습하며 점차 쉽고 즐거워진다. 이것이 배움의 가장 중요한 첫 단계. 손으로 이마를 만지는 법을 깨우쳤다면 베토벤의 소나타를 연주하는 법도, 제트기를 조종하는 법도, 훌륭한 관리자가 되거나 인간관계를 개선하는 법도 배울 수 있다.

때론 잘못된 길에 발을 들이기도 하지만 마스터를 향한 길은 언제나 우리를 기다리고 있다.

1장

우리는 모두
마스터를 꿈꾼다

마스터리가 무엇인지 정확히 정의를 내리기는 어렵다. 하지만 누구나 직관적으로 알고 이해하는 개념이기도 하다. 마스터리는 다양한 형태로 나타나지만, 공통적인 특징이 있다. 즉 결과로 매우 큰 보상을 안겨주지만 그 자체가 목표나 목적지는 될 수 없다는 것이다. 그리고 마스터를 향해 가는 여정을 마스터리라 부른다.

많은 이들이 타고난 능력이 있는 사람들만 이 길에 오를 수 있다고 생각한다. 그러나 마스터리는 굉장한 재능을 타고난 사람들이나 일찍부터 이 길에 오르는 행운을 얻은 자들만의 것이 아니다. 나이, 성별, 경험과 관계없이 이 여정에 오를 의지만 있다면, 계속해서 걸어갈 의지만 있다면 누구나 갈 수 있다.

문제는 이 여정을 안내해줄, 심지어 길을 그려놓은 지도가 거의 없다는 것이다. 사실 현대 사회는 마스터리를 방해하는 거대한 음모의 소굴이라고도 할 수 있다. 즉각적인 만족감과 빠른 성공, 일시적인 안도감을 제공해주는 것들이 가득한 오늘날 세상은 마스터리와는 정반대의 길로 우리를 인도한다.

앞으로 우리는 바로 이런 길, 즉 일시적인 미봉책으로 잠재력을 억압하는 것은 물론 건강과 교육, 일과 대인 관계를 위협하고 자칫 국가 경제까지 위험에 빠뜨리는 경로에 대해 자세히 살펴볼 것이다. 하지만 지금 여기서는 일단 마스터리 자체만 다루도록 하겠다.

마스터리는 뭔가 새로운 능력을 배우기도 전 순간부터 시작된다. 예컨대 자판을 보지 않고 타이핑을 한다든지, 요리를 배우거나 변호사나 의사, 회계사가 되겠다고 결심하는 등 무엇을 배우기로 했든 상관없다. 모든 여정에는 시를 쓰거나 연극을 무대에 올리는 일처럼 특별한 감동이 있다. 오직 배움을 위해 몸과 마음, 정신이 하나가 되어 아름다우면서도 목적이 분명한 움직임을 만들어내기 때문이다.

그중에서도 스포츠는 신체적인 훈련을 통해 그 결과가 비교적 빠르고 분명하게 드러나므로 마스터리를 이야기하기 좋은 사례라 할 수 있다. 그래서 여기서는 많은 사람에게 익숙한 종목인 테니스를 통해 모든 기술에서 적용되는 마스터리 원칙에 대해 살펴보고자 한다.

우선 당신의 신체적인 건강 상태는 제법 좋은 편이지만 전문적인 훈련을 받았거나 기술을 익힌 적은 없다고 가정하자. 배구나 소프트볼처럼 몸을 움직이며 눈과 손의 협응력이 필요한 종목을 주로 해봤고, 테니스를 쳐본 적은 있으나 경험이 많지는 않다. 어쩌면 이편이 나을 수도 있다. 뭔가를 배우기 시작할 때 이런저런 경험으로 몸에 새겨진 나쁜 습관을 지우는 것보다 백지상태에서 시작하는 편이 낫기 때문이다.

아무튼 당신은 기초부터 잘 가르친다고 정평이 난 프로

마스터리는

새로운 능력을 배우기로 한

그 순간부터 시작된다.

강사를 찾았고, 일주일에 최소 세 번 테니스장을 방문하기로 계획도 세웠다. 마스터리에 첫발을 내디딘 것이다.

첫날, 강사는 당신에게 라켓을 잡는 법부터 알려줄 것이다. 그래야 정확한 순간에 공을 칠 수 있기 때문이다. 강사는 포핸드 스윙을 가르치며 손목의 힘이 최대로 발휘되는 자세를 찾는 훈련을 시킬 것이다. 네트 맞은편에서 공을 보내며 당신이 공을 칠 때마다 타이밍이 어땠는지 물어보고, 팔 동작에 따라 어깨와 엉덩이를 움직이는 법, 공을 쫓아 스텝을 밟는 법을 보여줄 것이다.

또한 당신의 부족한 부분을 알려주며 격려도 해줄 것이다. 그러나 당신은 동작이 어색하고 몸이 뜻대로 움직이지 않는다. 신체의 여러 부위를 동시에 움직이려면 머릿속으로 생각해야 하고 이 생각 때문에 우아하고 자연스러운 움직임이 나오지 않는 것이다.

점차 조바심이 든다. 처음엔 운동을 위해 시작했지만 지금 이 훈련으로는 땀조차 나지 않는다. 네트를 넘겨 코트 안쪽으로 공을 보내고 싶어도 강사가 지금 단계에서는 그것까지 생각해선 안 된다고 한다. 어떤 일에서든 결과가 무척 중요한 당신은 딱히 결과라고 할 만한 것을 내지 못하고 있다. 그렇게 훈련은 계속된다. 라켓을 제대로 잡고, 라켓의 어느 부분으로 공을 치는지 익히고, 어깨와 엉덩이와 팔을 함께 움직이고, 공을 따라 발을 뻗는다. 아무런 성과가 없는 것 같은 기분이 든다.

5주간의 절망 끝에 한 줄기 빛이 보인다. 몸의 각 근육이 뭘 어떻게 해야 하는지 안다는 듯이 스윙에 필요한 다양한 요소들이 하나로 자연스럽게 이어지기 시작한다. 이제는 하나하나 생각하며 움직일 필요가 없다. 그리고 드디어 눈으로 공을 확인하고 낮은 곳에서 공을 쳐 높은 곳으로 밀어 올리는 깔끔한 스트로크를 구사할 수 있게 된다. 공을 좀 더 세게 쳐서 넘기고 싶고, 경기를 하는 것처럼 플레이해보고 싶어 몸이 근질거리기 시작한다.

그러나 아직은 때가 아니다. 지금까지는 강사가 당신 쪽으로 공을 보내주고 있었다. 공을 따라 움직일 필요가 없었다. 하지만 이제부터는 코트 양옆으로, 앞뒤로, 사선으로 이리저리 오가며 자세를 잡고 라켓을 휘두르는 법을 배워야 한다. 또 한 번 몸놀림이 어색해지고 매끄럽게 움직여지지 않는다. 기껏 익혔던 기술을 잃어버린 것 같아 좌절하기도 한다. 결국 그만두려는 순간, 묘하게도 실력이 더 떨어지지는 않는다. 그렇다고 실력이 느는 것도 아니다. 눈에 띄게 나아지는 것 없이 며칠, 몇 주가 흐른다. 끔찍한 정체기에 빠진 것이다.

오늘날 많은 사람에게 정체기는 지옥과도 같다. 여러 달갑지 않은 감정들, 숨어 있던 욕망이 수면 위로 올라온다. 처음 테니스를 시작했던 이유가 실은 남들에게 멋져 보이고 싶어서, 친구들과 같이 시합하고 싶어서, 누군가를 이기고 싶어서였음을 깨닫는다. 당신은 강사에게 가서 테니스를 마스터하려면 얼마나 걸릴지 묻는다. 강사는 조금 생각하더니 이렇게 되묻는다.

"음, 반사적으로 자세를 잡아 포핸드로 제대로 공을 넘기기까지 얼마나 걸릴지 묻는 건가요?"

"아, 네."

"글쎄요. 성인이 되어 테니스를 배운 분은 주 3회 한 시간씩 해도 5년은 걸릴 거예요."

5년이라니! 당신은 낙담한다.

"물론 더 열심히 훈련하면 그보단 짧게 걸릴 수도 있죠."

"그럼 얼마나 훈련해야 제대로 시합할 정도가 될까요?"

"시합할 정도요? 기준이 좀 모호한데요."

"그러니까, 친구와 시합해서 이길 정도로요."

"6개월 정도 지나면 가능할 겁니다. 하지만 포핸드, 백핸드, 서브에 익숙해지기 전에는 사실 이기기 어려워요. 1년이나 1년 후 정도로 생각해야 합니다."

또다시 쓸쓸한 현실의 벽에 부딪힌다. 강사는 설명을 이어간다. 테니스는 단지 공이 움직이고 라켓이 움직이는 게 아니라, 기술을 모두 마스터한 후에도 몸을 움직여야 하는 운동이다. 그뿐만 아니라 공을 정확한 위치에 보낼 수 있는 프로와 함께 치는 게 아니라면 코트에서 공을 주우러 다니느라 연습 시간 대부분을 쓰게 된다. 백보드나 테니스 볼 머신이 있으면 물론 도움이 된다. 하지만 득점을 하고 상대에게 이긴다는 건 결국 누가 먼저 서브를 하느냐, 누가 먼저 실수하느냐의 문제다. 보통은 네트 너머로 공을 세 번만 넘기면 득점할 수 있다. 따라서 약간의 실수도 돌이킬 수 없다.

현재 당신에게 정말로 필요한 것은 어느 정도 통제된 상황에서 포핸드, 백핸드, 풋워크, 서브, 스핀, 네트 플레이, 위치 선정, 전략 등 단계에 따라 공을 수천 번 쳐보는 것이다. 이 모든 과정은 점진적으로 이루어진다. 어느 단계도 건너뛸 수 없다. 전략 게임에서 위치 선정을 잘하지 못하면 계획한 바를 제대로 펼칠 수 없는 것과 같다. 새로운 단계에 진입할 때마다 또 한 번 생각을 거쳐야 하고, 이 과정에서 지금껏 익히고 쌓아온 것이 무너지는 후퇴 상태를 경험한다.

당신은 점차 진실을 마주하기 시작한다. 테니스에서 빨리 목표에 이르지 못하리라는 사실을 말이다. 눈앞에 펼쳐진, 끝이 보이지 않는 길 위에 수많은 난관과 장기간의 정체기가 당신을 기다리고 있다. 정체기에 빠지면 오랜 시간 성실히 연습해도 아무런 발전도 기대할 수 없다. 대단히 목표 지향적인 사람에게는 그리 달갑지 않은 상황이다.

지금 당장은 아니라도 언젠가는 계속할지 말지를 선택해야 할 것이다. 테니스를 그만두고 좀 더 쉬운 스포츠를 시도해보고 싶은 마음이 생긴다. 아니면 지금보다 두 배나 더 노력하고, 수업을 더 듣고, 밤낮으로 연습을 강행할 수도 있다. 수업을 그만두고 지금껏 배운 것에 만족하며 취미로 테니스를 치는 길도 있다. 경기력 향상 같은 것은 잊고 당신과 비슷한 수준의 친구들과 재밌게 테니스를 치는 것이다. 물론 강사의 조언에 따라 마스터를 향한 길고 긴 여정을 선택할 수도 있다. 당신은 무엇을 선택하겠는가?

이 선택의 순간은 비단 테니스 같은 스포츠에서만이 아니라 인생을 사는 동안 배움, 발전, 변화의 문제를 맞닥뜨릴 때마다 계속해서 찾아온다. 심사숙고 끝에 선택을 내릴 때도 있지만 대부분은 별로 의식하지 않고 쉽게 선택할 때가 많다. 지금 당장의 해결을 중시하는 소비주의에 휩쓸려 성취의 환상을, 만족의 허상을 좇는 것이다. 어떤 경우에는 마스터리의 과정을 전혀 모르고 자신에게 선택권이 있다는 사실조차 깨닫지 못하기도 한다. 의식적으로 선택하지 않았다고 해도 결국 우리가 내린 결정은 내면의 잠재력을 끌어올리거나 저해하고, 우리는 나중에야 그 사실을 깨닫는다.

우리는 태어난 이상 누구나 특별한 재능을 갖고 있다. 체계적인 교육을 받지 않고도 음성 언어의 상징적 시스템을 마스터할 수 있다. 심지어 언어 하나가 아니라 몇 가지 언어를 배울 수도 있다. 또한 표정에 나타나는 복잡한 암호를 해독할 수도 있다. 이는 가장 강력한 컴퓨터 회로를 무력하게 만드는 대단한 능력이다. 우리는 정서적 뉘앙스의 미묘한 의미도 해석하고 표현할 수 있다.

또한 우리는 정규 교육을 받지 않고도 연관성을 찾고, 추상적인 범주를 형성하고, 의미 있는 체계를 만들 수 있다. 한 번도 본 적 없는 뭔가를 만들고, 누구도 묻지 않았던 질문을 던지고, 수많은 별 너머에서 답을 찾는다. 우리는 컴퓨터는 결코 할 수 없는 일, 즉 사랑에 빠지기도 한다.

우리가 지능이라고 부르는 개념은 실로 다양하다. 하버드 대학교와 보스턴 의과대학교의 하워드 가드너Howard Gardner 교수는 지능을 언어, 음악, 논리/수학, 공간, 신체/운동 그리고 두 가지 인성 지능인 자기 성찰과 대인 관계까지 포함해 일곱 가지로 분류했다. 사람마다 각 분야에서 타고난 능력은 다르다. 그러나 이 일곱 가지 지능은 누구나 갖고 태어나며 사고와 표현, 대인 관계 능력과 사업가적 능력, 예술과 공예 등 여러 분야에서 마스터리라고 할 수 있는 드물고도 대단한 경지에 이를 능력이 이미 있다. (최근 자료에 따르면 하워드 가드너는 기존 일곱 가지 지능에 자연친화 지능을 포함해 다중지능

을 총 여덟 가지로 이야기하고 있다.—편집자 주)

신체 능력도 마찬가지다. 원시 시대 우리의 선조들은 정글과 사바나의 동물들에 비하면 너무나 미약한 존재였다. 그들은 날카로운 송곳니나 발톱도 없고 포식 동물다운 신체 능력도 없었다. 그럼에도 인간이 경쟁에서 승리할 수 있었던 이유는 큰 두뇌와 도구 사용 능력 덕분이라고 말하는 이들이 많다.

사실 이런 가설은 복잡하고도 체계적인 사회적 집단을 형성하는 인간의 비범한 능력을 경시하는 것이다. 이 능력은 도구 제작을 뛰어넘는 능력이자 인간의 두뇌가 특별히 크게 진화한 이유를 설명하는 증거다. 또한 인간의 신체 능력은 그처럼 미약하지 않다. 치타의 엄청나게 빠른 질주력, 캥거루의 점프력, 돌고래의 음파 탐지 능력, 침팬지의 곡예 기술에 대해서는 익히들 알고 있다. 하지만 그 어떤 동물도 인간의 전반적인 운동 능력에는 맞설 수 없다.

만일 인간이 동물들을 상대로 단거리 경주, 오래달리기, 멀리뛰기, 높이뛰기, 수영, 잠수, 체조, 타격, 발차기, 굴 파기 등 10종 경기를 펼친다면 각각의 종목에서는 동물들이 대부분 승리를 거둘 것이다. 하지만 총점은 잘 훈련된 인간이 더 높은 점수를 받을 것이다. 특히 오래달리기만큼은 몸집이 비슷하거나 더 큰 동물들보다 우세한 결과를 보일 것이다.

인간은 사고와 감정에서 천재적인 능력을 타고난 만큼 신체 능력에서도 천재적인 포텐시아potentia, 즉 잠재적인 힘을 타고났으며 몇몇 스포츠와 신체적 활동에서는 어느 종보다 뛰어난 모습을 보인다. 하지만 제아무리 뛰어난 능력을 타고났더라도 마스터의 여정에 오르지 않으면 그 능력은 아무런 가치를 발휘하지 못하거나 순식간에 사라지고 만다.

마스터를 향한 여정은 아주 고달픈 동시에 무척이나 즐거운 과정이다. 예상치 못한 고통과 보상이 따르며 최종 목적지에는 절대로 이르지 못하기 때문이다(완벽히 마스터할 수 있다면 사실 별 볼 일 없는 기술이라고 봐야 한다). 이 여정을 따르다 보면 당신이 좇던 기술에 대해 배우는 것만큼 당신 자신에 대해서도 많은 것을 깨달을 것이다.

앞으로 무엇을 어떻게 배울지 종종 놀라겠지만 대체로 마스터리는 다음과 같은 단계로 진행된다.

[그림 1] 마스터리 곡선

마스터리 곡선이 우리에게 알려주는 것

무엇을 익히든, 마스터리에는 왕도가 없다. 앞 마스터리 곡선을 보면 대체로 짧고 급격한 향상을 보이다가 살짝 그 기세가 꺾이며 정체기를 맞이하는데, 이 정체기는 보통 전보다 점차 짧아지는 형태를 띤다.

그리고 이 곡선은 사실 이상적인 모습이다. 실제로 뭔가를 배우는 과정에서는 그림처럼 규칙적인 패턴을 보이지 않고 상승 구간의 형태도 다양하며 정체기에서도 나름의 오르내림이 있다. 하지만 대체적인 흐름과 양상은 거의 비슷하다.

마스터리를 시작했다면 새로운 차원의 능숙함을 이루기 위해 성실하게 기술을 연마해야 한다. 또한 결코 피할 수 없는 정체기에서 오랜 시간 견딜 수 있어야 하며 아무런 성과가 없는 것 같은 시기에도 연습을 게을리해서는 안 된다.

왜 배움은 짧은 시간 급격하게 진행되는 것일까? 왜 정체기 없이 꾸준히 실력이 향상될 수는 없을까? 앞서 테니스의 사례에서 봤듯이 '근육 기억'이 형성될 때까지, '자동 조종 프로그램'이 만들어질 때까지 익숙하지 않은 기술을 계속 반복적으로 훈련해야 한다. 이때 발현되는 메커니즘의 정체는 정확히 알려진 바 없지만 몇 가지 비공식적인 이론을 소개하자면 다음과 같다.

먼저 스탠퍼드대학교의 신경과학 교수이자 두뇌 연구 분야의 선구자 칼 프리브람Karl Pribram의 두뇌-신체 시스템brain-body systems 가설을 살펴보자. 이 가설은 의식적인 사고보다 더욱 깊숙한 곳에서 발현되는 습관적 행동 시스템habitual behavior system을 주장하는데, 이 시스템은 척수와 두뇌를 잇는 반사회로와 연관이 있다.

우리는 습관적 행동 시스템으로 강렬한 서브를 받아치고, 기타 코드를 잡고, 새로운 언어로 길을 물어보는 등의 행위를 어떻게 해야 할지 생각하지 않고 반사적으로 실행할 수 있다. 그러나 새로운 기술을 배우는 초반에는 생각을 거쳐야 하고 기존의 감각, 움직임, 인지 패턴을 새로운 것으로 대체하려는 노력을 기울여야 한다.

이때 습관 시스템과 관련된 인지 체계와, 두뇌 아래쪽에 있는 해마와 연관된 노력 체계가 작동한다. 인지 체계와 노력 체계는 습관 시스템의 일부가 되어 시스템을 수정하고 새로운 행동을 가르친다. 즉 습관 시스템에 흡수된 인지 체계와 노력 체계가 시스템을 새롭게 프로그래밍한다. 자신의 역할을 마치면 이 두 체계는 철수한다. 그 후부터 우리는 그립을 바꿀 때마다 동작을 멈추고 머리로 생각할 필요 없이 자연스럽게 라켓을 잡을 수 있게 된다.

이런 관점에서 보면 마스터리 곡선의 급상승 구간에서만 뭔가 의미 있고 흥미로운 일이 벌어지는 것은 아니다. 배움은 모든 단계에서 일어난다. 습관적 행동 시스템에 새로운 기술이 프로그래밍된 후 인지 체계와 노력 체계가 철수해야 하나의 단계가 끝난다.

이 단계를 지나면 어떤 일을 수행하기 위한 여러 요소를 일일이 신경 쓰지 않아도 해낼 수 있다. 이때 배움이 뚜렷하게 향상되는 것이다. 그리고 이 배움은 계속 진행된다.

마스터에 이르는 최적의 방법은 무엇일까? 간단히 말하면 성실하게 훈련해야 하며, 심지어는 '훈련을 위한 훈련'을 해야 한다. 정체기를 맞더라도 좌절하지 않고 그 시간을 배움이 급격하게 향상하는 시기와 마찬가지로 받아들이고 즐기는 법을 배워야 한다.

하지만 정체기를 즐긴다는 건 아직은 조금 이른 이야기다. 우선은 뭔가를 배울 때 나타나는 대표적인 세 유형, 즉 여기저기 손대는 사람, 강박에 사로잡힌 사람, 현실에 안주하는 사람에 대해 살펴볼 것이다. 이 세 유형은 삶의 방식이 각각 다르지만 결국 마스터리를 깨닫지 못하고 마스터의 여정을 따르지 않기로 선택했다는 공통점이 있다. 어쩌면 당신은 여기서 자신의 모습을 볼지도 모른다.

배움은

모든 단계에서

일어난다.

2장

한계의 벽 앞에서
당신은 어떤 유형인가

누구나 마스터를 꿈꾸지만 그 길은 멀고도 험하며 반드시 원하는 결과를 보장하는 것도 아니다. 그래서 우리는 종종 다른 길을 찾는데, 이때 사람의 성향마다 택하는 길이 다르다. 다음 세 유형 중에 자신은 어디에 해당하는지 생각해보자.

여기저기 손대는 사람

이 유형의 사람은 새로운 스포츠나 경력 기회, 대인 관계를 접할 때 굉장한 열의를 갖고 시작한다. 뭔가를 처음 시작할 때 따르는 의식과 멋진 장비, 낯선 용어 등 새로움이 주는 반짝임에 매료된다.

이들은 새로 접하는 스포츠에서 처음으로 비약적인 성장을 할 때 굉장한 즐거움을 느낀다. 가족과 친구들, 길에서 만난 낯선 사람에게까지 자신의 기량을 뽐낸다. 얼른 다음 수업을 듣고 싶어 안달한다. 그러나 첫 정점을 찍고 난 후 곧이어 시작되는 하락세에 큰 충격을 받는다. 이들은 이런 정체기가 이해되지 않을뿐더러 용납할 수도 없다. 열의가 순식간에 사그라진다. 이내 수업에 빠지기 시작한다.

이들의 머릿속에는 자신의 행동에 대한 합리화로 가득하

[그림 2] '여기저기 손대는 사람'의 패턴

다. 사실 자신에게 어울리는 스포츠가 아니었다는 생각이 든다. 너무 경쟁적이어서, 너무 시시해서, 너무 공격적이어서, 너무 공격적이지 않아서, 지루해서, 위험해서 등 온갖 핑계를 댄다. 주변 사람들에게는 그 운동이 자신의 욕구를 충족시키지 못한다고 설명한다. 그러면서 또 다른 종목을 시작할 때 똑같은 과정을 반복한다. 간혹 두 번째 정체기까지 견디기도 한다. 하지만 이내 다른 스포츠로 옮겨 간다.

이들은 일에서도 비슷한 패턴을 보인다. 새로운 일, 새로운 사무실, 새로운 동료들이 너무나 마음에 든다. 어느 곳을 둘러봐도 새로운 기회가 보인다. 앞으로 벌어질 일을 상상하며 들뜨기도 한다. 자신이 발전하는 것을 느낄 때마다 크게 기뻐하며 가족과 친구들에게 널리 알린다. 그러나 곧 정체기가 찾아온다. 아무래도 자신에게 어울리는 일이 아닌 것 같다는 생각이 든다. 다른 일을 찾기 시작한다.

이들은 이성 관계에서도(예상치 못했겠지만 이성 관계는 마스터리의 가능성을 가늠하기에 좋은 척도다) 뜨거운 연애 초기에 특화된 유형이다. 상대방을 유혹하고 사로잡는 데 열중하고 자신이 살아온 인생 이야기를 털어놓으며 사랑의 기교와 유혹의 기술을 마음껏 펼친다. 그렇게 자아도취에 빠져 있다가 열기가 식기 시작하면 다른 곳으로 눈을 돌린다.

마스터의 길을 걸으면서 자기 자신을 완벽히 변화시켜야 한다. 그러나 이들은 그보다는 다른 침대로 뛰어들어 처음부터 다시 시작하는 편이 훨씬 쉽다. 스스로 새로운 것을 찾아 헤매는 모험가이자 새로움의 가치를 평가하는 사람이라고 여기기 쉬우나 사실은 칼 융Carl Gustav Jung이 말한 푸에르 아이테르누스puer aeternus, 즉 '영원한 어린아이'에 가깝다. 대상이 바뀌어도 패턴은 변하지 않는다.

강박에 사로잡힌 사람

이 유형은 최종 결과를 중요시하며 차선에 만족하지 않는다. 중요한 것은 결과일 뿐 과정은 상관없으므로 무조건 빨

[그림 3] '강박에 사로잡힌 사람'의 패턴

리 결과를 얻고자 한다. 테니스를 예로 들면 첫 수업부터 제대로 된 스트로크를 익히고 싶어 한다. 수업이 끝나고도 남아서 강사와 대화를 나누며, 빨리 실력을 키우려면 어떤 책을 보고 어떤 영상을 보면 좋을지 조언을 구한다. 이들은 대화를 나눌 때 상대방의 말에 몰입하며 걸음걸이에서도 당당하게 에너지를 내뿜는 모습을 보인다.

초기에는 실력이 눈부시게 발전한다. 자신이 목표했던 대로 비약적인 성장을 달성한다. 이윽고 실력이 퇴보하고 정체기가 찾아오지만 그런 현실을 용납하지 않는다. 노력을 몇 배로 더할 뿐이다. 이들은 무자비하게 자신을 몰아붙이며 적당히 하라는 주변의 조언을 거부한다. 밤늦게까지 훈련하고 빠른 결과를 얻기 위해 지름길을 택한다.

많은 경영자가 대체로 이 유형과 비슷하게 성과를 내야 한다는 강박에 사로잡혀 있으며 결과를 숭배한다. 기업의 이익 곡선을 상승세로만 유지할 수 있다면 꾸준한 연구와 개발, 장기적인 계획, 지속적인 제품 개발, 설비 투자 같은 노력은 언제든 희생해도 좋다는 식이다.

이들은 이성 관계에서도 계속 뜨겁게 불타오르는 관계,

고조되는 분위기, 황홀한 시간을 꿈꾼다. 이것저것 손대는 유형과는 다르다. 열기가 식어도 다른 곳으로 눈을 돌리지 않는다. 어떻게든 자신의 의지대로 상황을 이끌려고 노력한다. 비싼 선물을 하고 유혹하는 분위기를 조성하며 영화 속에 등장할 법한 데이트를 시도한다.

이들은 관계가 발전하거나 성숙하는 데 정체기가 필요한 이유를 전혀 이해하지 못한다. 그러다 보니 연인과의 관계는 롤러코스터를 타듯 격렬한 이별과 극적인 화해를 반복한다. 하지만 결말은 당연히 이별로 막을 내리고 양쪽 모두 큰 상처를 입는다. 교훈을 얻었다거나 성숙해지는 등의 의미 있는 결말은 거의 없다.

이들은 스포츠나 관계뿐 아니라 어떤 일에서든 단기간에 비약적으로 상승 곡선을 그리다가 이내 들쭉날쭉한 양상을 보이며 급격히 하락한다. 그리고 예정된 실패를 맞이한다. 지나치게 노력하고 몰아붙이는 나머지 실패와 동시에 마음의 상처를 입는 경우가 많다. 당사자뿐 아니라 주변의 친구들, 동료들, 주주들, 연인도 마찬가지다.

현실에 안주하는 사람

이들은 앞서 두 유형과 다르다. 뭔가를 터득한 후에는 영원히 정체기에서 안주하려 한다. 다시 말해서 스스로 괜찮다고 여기는 수준이거나 사람들과 어느 정도 어울릴 수준이면 굳이 마스터리의 단계를 거치려 하지 않는다.

예를 들면 학회나 모임에 굳이 참석하지 않는 의사나 교사들, 완벽한 포핸드로 백핸드의 부족함을 채우는 테니스 선수가 이에 속한다. 회사에 다니는 직장인이라면 해야 할 일만 대충 마치고 정시 또는 그보다 일찍 퇴근하는 이들이 해당된다. 이들은 휴가와 쉬는 시간은 꼬박꼬박 챙기며 일보다 잡담을 더 많이 하면서도 자신이 왜 승진을 못 하는지 늘 의아해한다.

이들은 결혼이나 동거를 배움과 성장의 기회가 아닌 불

[그림 4] '현실에 안주하는 사람'의 패턴

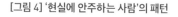

확실한 바깥세상의 도피처로 여긴다. 분명하게 정해진 부부의 역할과 일부일처제에 만족한다. 이들에게는 결혼이 경제적·가족적인, 법으로 보장받는 제도일 뿐이다. 이런 전통적인 역할이 잘 맞는 사람들도 있겠지만, 요즘은 조금의 변화도 없는 답보 상태에 계속 머물려는 사람은 거의 없다. 함께 치는 상대방의 테니스 실력은 점점 향상되고 있는데 당신은 그렇지 못하다면 게임은 결국 끝이 나고 만다. 이성 관계에서도 같은 논리가 적용된다.

세 가지 유형이 아주 깔끔하게 구분되는 것은 아니다. 이성 관계에서는 첫 번째 유형일지라도 예술 분야에서는 마스터일 수도 있다. 일에서만큼은 마스터리를 발현할지라도 골프를 칠 때는 현실에 안주하는 성향일 수도 있고 그 반대일 수도 있다. 심지어 같은 분야 내에서도 어떨 때는 마스터의 모습을 보이지만 어떨 때는 강박에 사로잡힌 사람으로 변한다. 하지만 훈련 과정과 성격에서 드러난 기본적인 특징은 그 사람을 지배하며 앞으로의 행보를 결정한다.

강의나 워크숍을 진행하다 보면 이 세 가지 유형과 마스터에 대해 이야기할 때가 있다. 청중에게 세 유형 중 본인이 어디에 속하는 것 같은지 손을 들어보라고 하면 거의 비슷한 비율로 손을 들고, 대화의 방향은 자연스럽게 대다수 사람이 이 셋 중 하나에 속한다는 이야기로 흐른다.

이 세 가지 특징은 우리가 마스터가 되지 못한 이유를 알려준다. 하지만 그보다 중요한 건 자신의 성향을 알고 이를 극복하면서 계속 나아가는 것이다. 다음 장에서는 마스터를 향한 여정에서 가장 먼저 마주할 난관, 바로 우리를 둘러싸고 있는 사회에 대해 이야기할 것이다.

마스터를 향한 여정에서

가장 먼저 마주하는 난관은

바로 우리를 둘러싸고 있는 사회다.

3장

우리의 발목을 잡는
성공 판타지

마스터리를 위한 계획을 세우고 있는가? 그렇다면 오늘날의 사회가 추구하는 삶의 트렌드에 저항해야 한다는 사실을 금방 알게 된다. 과도하게 소비지향적인 현대 사회는 쉬운 지름길이 아닌 마스터리를 선택한 당신의 사방에서 공격을 걸어올 것이다.

과거에는 당대 중요시되는 가치가 대가족 제도, 부족이나 마을의 어른들, 스포츠와 게임, 도제 제도, 전통적인 학교 교육, 종교적 수행, 영적 및 세속적 의식을 통해 전승되었다. 그러나 이런 역할을 하던 곳들은 점차 사라지거나 기반이 약해지면서 가치를 전파하는 방식은 새롭고도 낯설게 변화했다.

오늘날 사회는 지속적인 과소비를 부추기는 경제 시스템을 기반으로 유지된다. 소비의 선택지는 거의 무한하게 제공된다. 특히 음식, 옷, 집, 자동차, 의료비같이 필수적인 소비 품목에서는 헤아릴 수 없이 많은 상품과 다양한 서비스가 나와 있다. 또한 고가의 브랜드 가구, 개인 요트, 명품 향수, 보석 등 생활필수품이 아닌 사치품들이 다양한 매체를 통해 홍보되며 꼭 사야 한다는 소비 심리를 조장한다.

무엇에 돈을 쓰는지는 개인이 중요시하게 여기는 가치를 드러낸다. 소비만큼 개인의 가치를 분명하고도 직접적으로 드러내는 것도 없다. 그러다 보니 각종 광고와 영상을 내보내는 매체와 SNS 등은 사람들의 소비를 부추기는 가치를 심어주는 데 혈안이 되어 있다. 미디어가 이 시대의 가치를 결정하고 전파하는 핵심 역할을 맡고 있다고 해도 과언이 아니다.

그중 텔레비전 광고를 살펴보자. 당신이 본 광고는 어떤

가? 어떤 광고는 공포를 조장하며('여행에서 도난을 당할 수 있으니 여행자 수표를 구매하세요') 어떤 광고는 절약 정신을 강조한다('우리 회사 자동차는 이러이러한 면에서 경쟁사보다 나을뿐더러 저렴하기까지 합니다'). 심지어는 사람들의 속물근성(우아한 별장에서 멋지게 차려입은 사람들이 특정 브랜드의 소다수를 마시는 모습을 비춘다)이나 순수한 쾌락주의(한겨울의 도심 속 한 젊은 커플이 우연히 여행사를 발견한다. 두 사람의 시선은 창 너머 한 신용카드 모형에 꽂히고 곧 따듯한 열대 지역의 낙원을 누리는 둘의 모습으로 장면이 전환된다)에 호소하기도 한다.

광고를 유심히 들여다보면 이면에 숨은 패턴들을 볼 수 있다. 상업 광고의 절반가량은 우리의 인생에서 절정의 순간만을 보여준다. 화면의 가운데에 케이크가 있고 가족들이 환하게 웃는 얼굴로 사랑스러운 아기가 케이크 위 촛불을 끄는 모습을 지켜본다든지, 경주에서 이긴 잘생긴 젊은이들이 시원한 다이어트 콜라 캔을 잡으려고 달려가는 모습이라든지, 직장인들이 열심히 일하는 모습을 잠깐 비추고 이내 밀러_{Miller} 타임을 갖는 장면 등이 그렇다. 이처럼 광고가 보여주는 삶은 절정의 순간들이 끝없이 이어진다.

시트콤과 로맨스물, 범죄 수사극 같은 트렌디한 드라마 방송도 하나같이 과장된 흐름으로 흘러간다. 첫째, 주인공이 30분 동안 우쭐거리며 재치 넘치는 말을 몇 마디 하고 나면 마지막 광고가 나올 즈음에 맞춰 모든 일이 다 해결되어 있다. 둘째, 하나같이 형편없는 사람들이 별 노력도 하지 않으면서 순식간에 부자가 되어 있다. 셋째, 어떤 문제든 돈이나 권총 한 자루면 눈 깜짝할 새에 해결된다. 넷째, 아무리 말도 안 되는 판타지라도 뚝딱 순식간에 실현된다.

사실 그 어떤 것보다도 마스터리를 가장 방해하는 건 바로 이런 절정의 순간이 연달아 이어지는 리듬이다. 판타지에 판타지가 거듭되고 클라이맥스가 계속해서 펼쳐진다. 정체기라고는 찾아볼 수 없다.

[그림 5] 끝없는 클라이맥스

오늘날

광고나 SNS 등에서 비추는 삶은

정체기라고는 찾아볼 수 없는

판타지에 불과하다.

끝없는 절정의 유혹에 빠진 사람들

텔레비전의 시대에 소비주의는 모든 가치 중에서도 유례 없는 우위를 차지했다. 삶이 텔레비전이나 영상 속 인물들의 일상처럼 빛이 나고 늘 클라이맥스여야 한다고 생각하는 사람이 많아진 것도 그 때문이다. 그러나 우리의 일상이 그런 믿음에 부합하지 않을 때는 어떻게 해야 할까? 뭔가를 배우거나 혹독한 훈련, 수행의 과정 없이도 절정의 순간을 계속 유지할 방법이 있을까? 간단하다. 약물을 복용하면 된다. 물론 별 효과는 없다. 약물은 결국 당신의 삶을 파괴한다.

[그림 6] 장기적인 미래가 없는 클라이맥스 패턴

대중적·상업적 문화 속에서 장기적인 미래를 논하는 사람이 얼마나 될까? 일상과 동떨어진 절정의 순간만 좇다가

는 결국 파멸을 맞이할 거라고 광고에 경고의 메시지를 담으려는 사람이 누가 있을까?

오늘날 미국 전역을 휩쓸고 있는 사행성 광고만 봐도 그런 장기적인 노력을 아주 노골적으로 폄훼하는 내용을 볼 수 있다. 일리노이주의 복권 광고에는 한 남성이 정부가 발행한 저축 채권을 구매하는 사람들을 비웃으며 평범한 사람들이 백만장자가 되는 유일한 방법은 복권밖에 없다고 말한다.

고등학교의 위기를 다룬 ABC의 특별 프로그램 광고에서는 매력적인 젊은이들이 나와 자유롭게 대화를 나누는 장면이 나온다. "아메리카 대륙을 횡단할 계획이야." 누군가 말하자 다른 한 사람은 하와이로 휴가를 떠날 거라고 하고, 또 다른 청년은 5만 달러 상금을 받을 거라고 말한다. 이 행복한 젊은이들은 이번 경품 추첨 행사에서 반드시 자신이 될 거라고 확신하지만 확률적으로 따지면 물탱크나 우물에서 익사할 가능성이 더 크다.

한 라디오 광고에서는 패스트푸드점에서 햄버거를 만드는 일을 하다 동생에게 들킨 젊은 청년의 이야기를 통해 경품 추첨 행사를 극적으로 연출한다. 청년은 동생에게 프로 미식축구 티켓을 구매하기 위해 일하는 거라고 설명한다. 그러자 동생은 경품 행사로 티켓을 받으면 되는데 왜 이 일을 하느냐고 묻는다. 청년은 동생의 말에 곧장 수긍한다. 그는 햄버거 패티를 태우고 덜 익은 프렌치프라이를 고객에게 내놓으며 "뭐 어때"라고 중얼거린다. "경품으로 티켓을 받으면 되는데. 이 일은 이제 안 해도 된다고!"

이런 광고가 우리의 사고를 좌우하게 된다면 지금의 사회는 자멸의 길로 달려가는 꼴이 될 것이다. 종종 발생하는 약물 남용의 원인 또한 어쩌면 비도덕적·범죄적 충동에서 기인한 게 아닐 수도 있다. 그보다는 우리가 생각하는 좋은 삶, 즉 절정의 순간이 계속되는 삶을 간절하게 원한 나머지 약물로나마 욕구를 충족시키려는 지극히 정상적인 충동에서 비롯된 사태라고 충분히 짐작해볼 수 있다.

우리가 생각하는 좋은 삶의 기준은 단순히 텔레비전의 등장만으로 탄생한 건 아니다. "어떻게 이기든 상관없어. 이기기만 하면 돼"라며 승과반을 중시하고, 아무런 노력을 들이지 않고도 뭔가를 쉽게 배우고, 하룻밤 새 유명 인사가 되는 것을 찬양하는 분위기, 1점만 내도 최고라며 엄지를 높게 치켜드는 습관적인 행동에서도 그런 시각을 볼 수 있다. 이는 지극히 자본주의적이고 기업가적인 시각으로, 미국 빈민가에서 약물을 거래하는 어린 딜러들에게서도 볼 수 있다.

5년간 이스트 할렘에서 머물며 그곳의 문화를 연구한 인류학자 필리프 부르주아Philippe Bourgois는 이렇게 적었다. "빈곤 문화를 연구하는 이론가들은 가난한 사람들은 사회화가 잘되어 있지 않고 주류의 가치를 공유하지 않는다고 주장하지만, 내 경험에 따르면 이는 잘못된 시각이다. 오히려 그들은 야망에 차 있고 에너지 넘치는 빈민가의 젊은이들이 가난뱅이에서 벼락부자가 된다는 아메리칸드림을 믿기 때문에 지하 경제에 발을 담근다. 주류에 속한 수많은 사람처럼 이들도 가능한 한 빨리 자신의 몫을 챙기기 위해 이성을 잃고 달려드는 것이다."

마스터리에 반하는, 일시적인 해결책을 좇는 태도는 우리의 삶 모든 곳에 만연해 있다. 현대 의학과 약학만 봐도 그렇다. '빠르고 일시적인 증상 완화'가 하나의 슬로건이 되어 겉으로 드러나는 통증 해소를 급선무로 생각하는 반면 근본적인 원인은 방치한다. 질병의 원인이 환경적인 요인이나 생활 방식에 기인한다는 연구들이 점차 많이 나오고 있지만 고작 10분 만에 끝나는 문진 시간으로는 의사가 환자의 생활 방식은커녕 얼굴조차 기억하기 어렵다. 처방전을 쓸 여유만 허락될 뿐이다.

의사인 딘 오니시Dean Ornish와 동료들이 샌프란시스코에서 수행한 연구에 따르면 사망 원인 1위인 관상동맥 질환이 장기간의 식이 요법과 적절한 운동, 요가, 명상, 집단의 도움으로 호전될 수 있다고 한다. 약물이나 수술 없이도 말이다.

이 연구 결과에 대해 몇몇 의사들은 '너무 급진적'이라고 비판했다. 이것이 급진적이라면 이들이 말하는 '보수적인' 접근은 과연 무엇일까? 5퍼센트의 사망률과 30퍼센트의 신경 손상 위험을 야기하고 불필요한 수술인 경우가 50퍼센트에 이르는 관상동맥 우회술을 감행하는 것이 보수적인 처치법이라는 걸까?

관상동맥 우회술은 몇 년 후 또 한 번 수술대에 올라야 하며 비용도 3만 달러에 이른다. 하지만 이런 점들에 대해서는 그다지 중요하게 생각하지 않는다. 적어도 빠른 해결책이 될 테니 말이다.

일시적인 해결책을 좇는 태도는

우리의 삶 모든 곳에

만연해 있다.

비즈니스와 산업계에서는 어떨까? 아마도 우리 삶에서 마스터리의 원칙이 이보다 중요한 분야는 없을 것이다. "균형 잡힌 장기적 성장에 관한 이야기는 모두 사라졌다." 랄프 윈터Ralph E. Winter는 〈월스트리트 저널Wall Street Journal〉에서 시스템 간소화 풍조에 대해 이렇게 적었다. "인내심이 부족한 주주들과 부유한 기업 사냥꾼들이 만든 현상이다. 본인의 자리나 기업의 운명을 우려하는 경영진은 단기적 이익을 위해 사업체와 자산을 정리하는 데만 신경을 쏟고 이 과정에서 기업의 균형과 성장이 희생된다."

기업담보 차입매수(기업을 인수합병할 때 인수할 기업의 자산을 담보로 돈을 빌려 기업을 인수하는 방법)가 전형적인 사례다. 대단한 클라이맥스가 등장하고 단기간에 몇 명이 큰돈을 거머쥔다. 기업 사냥꾼이 하루아침에 문화 영웅이 된다. 그러나 이들은 기업이나 국가 경제에 실질적인 가치를 안겨주지는 않는다.

오늘의 영웅이라 하더라도 내일은 버림을 받을 수도 있다. 하룻밤 새 벼락부자가 된 억만장자들, 속성 다이어트, 불법적이든 합법적이든 신비로운 약효를 자랑하는 약물들, 복권 및 경품 당첨 등 아무런 노력 없이 순식간에 얻는 성공과 성취에 대한 성공과 성취에 대한 찬양에서 비롯된 번지르르한 소음에 대한 환멸로 이어진다.

마스터리에 맞서는 것이 얼마나 끔찍한 결과를 불러오는지 상기하고 싶다면 1980~1990년대 S&L 위기(저축대부조합 Savings and Loan Association, S&L 은 은행에서 융자를 받기 어려운 저소득층과 중산층에게 주택 융자를 하는 비영리 조합으로, 부동산 버블의 후유증과 위험관리 능력 부족으로 지급불능 상태에 빠져 파산했다. 이 일로 당시 미국 경제에 큰 위기가 닥쳤다—옮긴이)라는 좋은 사례가 있다. 이 위기로 소수는 순식간에 큰 보상을 얻은 반면, 대다수 사람은 아직도 길고 긴 고통 속에 빠져 있다.

이 모든 사태는 하나로 연결되어 있다. 바로 장기간 인내심을 발휘해 노력하지 않아도 새로운 기술을 배울 수 있다거나 체중을 감량할 수 있다는 얄팍한 사고방식 말이다. 이는 막대한 부를 꿈꾸되 그 어떤 노력이나 기여도 하지 않으려는 풍조를 조장한다.

마스터리

손쉬운 해법은 위기를 부른다

소비 중심적인 가치 체계에 대한 비판은 미국과 서구 사회의 성공과 함께 대두되었다.

전 세계적으로 미국을 비방하는 국가에서조차 미국식 삶을 동경하는 것이 현실이다. 물론 자유는 마땅히 지향해야 할 가치다. 대부분의 나라를 봐도 국가는 개인의 경제활동과 재산을 인정하는 자유시장경제체제의 도입이 필요하다는 사실이 분명해지고 있다.

하지만 사람들이 점차 신중한 자기반성이 필요한 시점이라는 것을 깨달아가고 있다. 위대한 승리에 취한 순간이 바로 위기가 찾아오는 시기이기 때문이다. 환경과 사회 정의에 대한 고려 없이 추구되는 소비주의, 즉각적인 만족감과 일시적인 해결을 추구하는 풍조 등을 외면해서는 안 된다. 어떤 희생을 치르더라도 성장만 쫓겠다는 신념은 더 크고 장기적인 문제를 야기할 뿐이다.

마스터리 법칙은 개인뿐 아니라 국가에도 적용된다. 오늘날 국가의 번영은 엄청난 적자와 환경 정화 및 인프라 보수,

교육과 사회 복지 사업에 쓰일 수조 달러의 채무 위에 세워졌다. 이는 눈앞의 해결책만 쫓는 사고방식에서 비롯된 것이다.

국가의 적자는 저축과 장기적 혜택 대신 손쉬운 융자와 개인의 소비를 장려하는 분위기로 이어진다. 과정보다 결과를 중시하는 사고방식에 젖어 제품의 만듦새가 조악해지고 결국은 수입 제품이 시장을 장악한다.

또한 삶을 절정의 연속이라 치장하는 광고는 약물 남용과 도박의 유행과 무관하지 않다. 우리로 하여금 자극적이고 소비지향적인 분위기에 함몰되게 만든다. 그러나 분명한 것은 슈퍼마켓 진열대에 가득한 상품과 고속도로를 꽉 채운 자동차들은 학업을 도중에 그만둬야 하는 아이들의 상황을 해결하지도, 점점 더 커지는 빈부격차를 해소해주지도 못한다.

미국과 서구 사회가 불러온 자유와 에너지, 혁신 능력이 전 세계에 영감을 주며 모두가 성장을 향해 치닫던 시대도 이제 그 끝이 보이고 있다. 결국은 마스터리를 향한 전쟁, 즉 헌신하고 인내하는 태도와 즉각적인 결과를 바라지 않는 노력에 굴복하고 말 것이다.

4장

슬럼프를
즐겨라

어렸을 때 우리는 공부를 열심히 해야 한다고, 그래야 높은 성적을 받을 수 있다는 이야기를 들으며 자랐다. 높은 성적을 받아야 좋은 대학교에 갈 수 있으며 대학교에 가야 좋은 직업을 가질 수 있다고들 했다. 그리고 좋은 직장에 다녀야 집도 사고 차도 살 수 있다. 이렇게 뭔가를 해야만 다음의 뭔가를 얻을 수 있다는 말을 내내 들어왔다. 평생을 '…해야만 …할 수 있다'는 논리에 고문을 당하며 살아온 것이다.

만일의 사태에 대비하는 것은 물론 중요하다. 목표를 달성하는 것 또한 중요하다. 하지만 삶의 진정한 묘미는 그것이 달든 쓰든 노력의 대가에서 찾을 수 있는 것이 아니라 살아 있음을 느끼는 데 있다. 우리는 그간 수없이 다양한 방식으로 결과물, 보상, 절정의 순간을 가치 있게 여겨야 한다고 배웠다. 하지만 슈퍼볼에서처럼 승리를 결정짓는 중요한 패스를 캐치해 경기에서 이기고 난 뒤에도 언제나 내일은 찾아온다. 우리에게는 수많은 내일이 찾아온다.

아무리 훌륭한 삶을 산다고 해도, 엄청난 마스터리를 이뤄낸다고 해도 결국 우리는 대부분 시간을 정체기에서 보낼 것이다. 그게 아니라면 정체기(슬럼프)를 벗어나기 위해 끊임없이 발버둥 치다 결국 자기파괴적인 길로 가게 될 것이다. 여기서 한 가지 의문이 든다. 우리는 자라면서, 학교 교육에서, 일에서 뚜렷한 발전이 보장되지 않음에도 계속 노력해야 하는 정체기가 실은 아주 중요하다는 것을, 이 시간을 즐기고 심지어 사랑해야 한다는 것을 배웠던 적이 있는가?

나는 중년에 접어들어 운 좋게도 합기도를 배웠다. 무척 어렵고도 왕도가 없는 운동이라 정체기를 온몸으로 절절히 체험했다. 처음 시작할 때만 해도 꾸준히 실력이 향상되리라고 기대했다. 그래도 첫 번째 정체기는 비교적 짧았던 탓에 가볍게 무시할 수 있었다. 그러나 1년 반쯤 지났을 무렵 심각한 정체기에 빠졌단 걸 알았다. 큰 충격과 실망감에 사로잡혔지만 어찌어찌해서 견뎌냈고 이후 폭발적으로 실력이 향상되는 것을 경험했다. 몇 개월 후, 또다시 눈에 보이는 발전이 없자 '젠장, 정체기가 또 왔군' 하고 중얼거렸다.

이후 몇 개월 동안 조금씩 향상되다가 또다시 정체기가 찾아왔다. 하지만 이번에는 놀라운 일이 벌어졌다. 속으로 이런 생각을 하게 된 것이다. '이런, 또 정체기네. 잘 됐어. 여기서 계속 머무르면서 훈련하면 돼. 머지않아 실력이 훌쩍 느는 시기가 오겠지.' 합기도를 시작한 이후 가장 여유 있고 편안하다고 느낀 순간이었다.

정체기에 충분히 머물러야 하는 이유

당시 내가 다니던 합기도 도장은 생긴 지 18개월밖에 되지 않았고, 파란 띠보다 높은 수련생이 없었다. 유일하게 검

배움의 과정에서 정체기는 아주 중요하다.

따라서 이 시간을 즐기고

심지어는 사랑해야 한다.

은 띄었던 사범들은 우리와는 완전히 다른 차원의 존재 같았다. 나는 감히 그들과 같은 차원으로 올라갈 수 있다는 생각조차 하지 못했다.

투지는 넘쳤으나 인내심은 부족하며, 항상 주어진 목표를 향해 가장 빠른 최단거리를 택했던 나였지만 이번만은 그 어떤 목적도 없이 훈련 그 자체를 위해 열심히, 꾸준하게 훈련했다. 몇 개월간 흐트러짐 없이 훈련의 흐름을 유지했는데, 내 인생에서 처음 있는 일이었고 나조차도 예상치 못한 상황이었다. 끊임없이 이어지는 수업 자체가 보상이자 선불교에서 말하는 무사無事였다.

일주일에 서너 차례, 7시부터 9시까지 합기도 훈련을 했다. 시내에 자리한 도장으로 차를 몰고 가노라면 그날 하루 동안 있었던 문제와 잡념이 점차 사라졌다. 흰색 누빔 도복을 차곡차곡 접어 개는 것만으로도 호흡이 안정되고 마음속 평화가 찾아왔다.

도장까지는 차로 30분이 걸렸다. 다리를 건너고 긴 언덕길에 올라 1단으로 주행해서 가다 보면, 곧 자동차 영업소가 줄지어 자리한 넓고 시끄러운 거리가 나오고 그곳에 있는 도장에 도착했다. 주변은 시끌벅적했지만 2층에 있는 도장으로 올라가는 길은 마치 천국으로 향하는 것 같았다. 도장은 나라는 존재에게 무척이나 낯선 동시에 완벽히 친숙한 공간이었다.

도장에서 벌어지는 모든 일이 좋았다. 도장에 들어가 허리를 굽혀 인사하고, 안내데스크에 마련된 선반에서 회원증을 꺼내고, 탈의실에서 도복을 갈아입는, 항상 똑같고도 늘 새로운 이 의식을 사랑했다. 탈의실에서 나는 땀 내음과 낮은 대화 소리에 마음이 편안해졌고 다른 수련생들이 몸을 풀고 있는 모습을 지켜보는 것이 좋았다.

매트에 발을 내디디며 다른 수련생들과 인사하는 것도, 발바닥에 차갑고도 단단한 매트의 표면이 느껴지는 것도, 일본에서 명상할 때 앉듯 무릎을 꿇고 앉아 있는 수련생들 사이에서 내 자리를 찾는 것도 모두 좋았다. 사범이 들어와 다시금 인사하고 준비운동이 시작되면 가슴이 뛰기 시작했다. 그렇게 동작에 속도와 힘이 더해지고 숨이 거칠어지는 순간을 나는 정말로 즐겼던 것 같다. 모든 상황이 슬로우모션처럼 지나가 하나 하나 눈에 들어왔다.

물론 항상 그랬던 것은 아니었다. 수업하는 날 유난히 마음이 내키지 않았던 때도 있었다. 매트 위에서 나 자신을 마주하는 것만은 정말로 피하고 싶은 날들도 있었다. 가끔은 자신에게 가장 유익한 일을 피하고만 싶은 인간의 본능에 무릎 꿇고 쓸데없는 일을 하며 저녁 시간을 보내기도 했다. 하지만 이 무기력증만 극복하고 내 루틴을 잘 따르면 작은 기적을 선물로 받는다는 것 또한 잘 알고 있었다.

어떤 심정으로 도장의 계단을 오르든, 이후 두 시간 동안 수백 번 메쳐지고 내팽개쳐지고 나면 온몸이 욱신대지만 살아 있음을 느끼며 행복으로 가득 차 도장을 나설 것임을, 그날 밤은 매우 환하게 반짝이리라는 것을 잘 알고 있었다.

반복해서 말하지만 이 기쁨은 실력 향상이나 목표 달성과는 아무런 관계가 없다. 그래서 어느 주말, 마라톤처럼 이어지는 고된 훈련을 마친 후 사범이 나와 수련생 한 명을 사무실로 불러 검은 띠 바로 아래인 갈색 띠를 건넸을 때는 정말 깜짝 놀랐다.

그로부터 약 1년 후인 어느 날 밤, 도장에서 가장 높은 갈색 띠 네 명이 모여 언젠가 검은 띠를 하게 될 순간에 관해 이야기를 나누었다. 그렇게 검은 띠 생각을 하자 흥분이 되는 동시에 묘하게 불편한 기분도 들었고, 그다음 수업 시간에는 낯선 뭔가가 느껴졌다. 야망의 벌레가 아무도 모르게 내 속을 좀먹기 시작했던 것이다.

우연일 수도 있지만 넷이서 대화를 나눈 이후 3주 동안 모두가 심각한 부상을 입었다. 발가락이 부러졌고 팔꿈치 인대가 파열되었으며 어깨가 탈골되거나(내 경우) 팔이 세 군데나 부러진 사람도 있었다. 부상은 뛰어난 스승이었다. 우리가 정신차리게 도와주었다. 부상에서 회복된 후 우리는 전처럼 목표 없이 꾸준히 훈련하던 때로 돌아갔다. 그로부터 1년 후 우리 네 명은 모두 검은 띠를 땄다.

그 일이 있고 나서야 우리가 훈련을 제대로 했다는 뜻이 아니다. 현실에 안주하는 타입은 정체기가 오면 더는 노력하지 않는다. 이제 와 그때를 돌아봐도 우리는 부족한 점도 많았지만 분명 마스터의 길에 올라 있었다. 현실에 안주하는 타입과는 달리 열심히 노력했고, 실력을 키우기 위해 할 수 있는 최선을 다했다.

그러나 그 일을 통해 현재의 위치보다 앞서 생각하는 게

마스터리

쉬운 것만 하고 싶은

인간의 본능에 따르는

무기력증만 잘 극복하면

기적을 선물로 받는다.

얼마나 위험한지를 배웠고 그 후부터는 필요한 만큼 정체기에 충분히 머무는 태도를 유지했다. 야망은 여전히 살아 있었지만 이제는 그 야망을 다스릴 줄 알았다. 우리는 다시 훈련을 즐기기 시작했다. 우리는 정체기를 사랑했고 그렇게 실력이 향상되었다.

끝없이 노력해야 하며 몹시 힘들기에 그만큼 보상이 큰 무술의 세계에서는 특히 마스터리의 역설이 뚜렷하게 나타난다. 하지만 나는 이것이 정신적·육체적·정서적·영적으로 의미 있는 깨달음을 구하는 모든 분야에서 나타나는 현상이라고 생각한다. 즉시성과 효율성을 내세워 마스터리를 방해하는 사회 속에서도 여전히 자신이 하는 일에서 위대한 뭔가를 이루려 하고 결과뿐 아니라 과정에도 최선을 다하는, 정체기를 사랑하는 수백만 명의 사람들이 여전히 존재한다. 이들의 삶은 생생하고도 충만하다.

작가인 친구가 내게 이렇게 말했던 적이 있다.

"정말로 행복해. 쓸데없는 모든 것이 사라지는 순간이야. 서재에 들어서면 즐거움의 신호가 느껴져. 책장에 가득한 책들과 서재 특유의 향에서 말이지. 그런 신호들이 그간 내가 써왔던 글, 앞으로 쓸 글에 담기는 거야. 전날 밤을 지새웠더라도 그 방에서는 피로가 사라져. 문장 하나를 써 내려가는 것부터 새로운 통찰력을 얻기까지 온갖 즐거움이 나를 기다리고 있거든."

올림픽 체조 선수인 피터 비드마는 이렇게 말했다.

"선생님이나 부모님이 시켰기 때문에 뭔가를 하는 사람들이 많습니다. 또한 돈이나 명성, 메달을 위해 시작한 사람들은 좋은 결과를 기대할 수 없습니다. 자신의 참된 갈망을 발견한 사람들은 본인의 문제를 누군가 해결해주길 기다리지 않아요. 직접 찾아 나섭니다. 저는 제 자신을 위한 목표를 세우긴 하지만 결국 제가 즐기기 때문에 하는 겁니다. 저는 체조가 재밌었어요. 언젠가 올림픽에 출전하리라고는 전혀 생각지 않았습니다."

성공한 예술가로서 일주일에 닷새 동안, 하루에 네 시간씩 자신의 스튜디오에서 작업하는 한 화가는 이렇게 말했다.

"제게는 루틴이 중요해요. 정해진 루틴을 시작할 때면 굉장한 행복감이 밀려들어요. 묵묵히 그 일을 해나가는 제 모습이 좋아요. '묵묵히'라는 단어가 정확할 듯싶어요. 루틴이 잘 진행되면 '이게 내 본질이구나' 하는 생각이 들죠. 저를 움직이게 하는 것은 루틴입니다. 그것을 따르지 않는다면 제 본질을 배반하는 거나 다름없어요."

내가 어렸을 적 화재보험사에서 일했던 아버지는 토요일 아침마다 나를 사무실에 데려갔다. 사실 출근할 필요가 없는 날인데도 그저 이끌리듯 사무실로 나가셨던 것 같다. 생각해보면 그것이 아버지의 즐거움이자 루틴이었다. 아버지가 우편물을 살피는 동안 나는 사무실을 마음껏 둘러보며 각종 기계와 도구들을 만지고 놀았다. 우아한 자태를 뽐내던 타자기, 두루마리 종이를 끼워 사용하는 수동 계산기, 스테이플러와 펀치, 구식 녹음기 등이 있었다.

그렇게 나는 토요일 아침의 고요함, 잉크, 고무지우개와 낡은 목제 가구의 냄새를 사랑하게 됐다. 온갖 기기를 만지작거리고 종이비행기를 만들며 놀다가 아버지가 있는 곳으로 가면 일에 깊이 집중한 아버지의 모습이 신기해 넋을 잃고 바라보곤 했다. 아버지는 다양한 크기와 모양의 우편물 봉투를 열고, 내용물을 분류하고, 비서에게 전달할 메모를 남겼다.

마스터리

아버지는 자신만의 세계에 빠져 무척이나 편안해 보이는 동시에 완벽한 몰입에 빠진 얼굴을 하고 있었다. 은은히 빛나는 눈빛에 입술은 살짝 열려 있었고 숨소리는 침착하고 안정적이었다. 두 손은 최면에 빠진 것처럼 부지런히 움직였다. 기껏해야 열 살 정도였던 나는 나중에 나도 저런 집중력을 발휘할 수 있을지, 내가 하는 일에서 저 정도의 즐거움을 느낄 수 있을지 의문이었다. 학교 수업 때는 물론 좋아하는 선생님이 내준 숙제를 할 때도 그 정도의 집중력과 즐거움을 경험한 적은 없었다.

아버지는 사람들에게 인정받거나 명성을 얻는 등 외적 보상을 추구하는 야심 찬 남자였다. 하지만 일은 물론 일할 때의 느낌과 리듬, 모든 조화를 사랑했다. 훗날 아버지의 동료가 내게 와서 아버지가 업계 최고였다는 말을 해주었다. 물론 아버지는 충분한 인정과 존경을 받았다고 생각하지 않았을 것이다. 사람들의 인정은 항상 부족하게 느껴지기 마련이고, 명성은 목마른 사람이 바닷물을 마시는 것처럼 더욱 큰 갈증만 불러온다.

중요한 건 일에 대한 사랑 그리고 외적 보상이 없을 때도 그 일을 계속 해내는 태도다. 이것이 가장 훌륭한 음식이자 생명수다.

마스터의 진짜 얼굴

자신이 사랑하는 일에 몰입한 아버지의 얼굴은 마스터의 길에 오른 사람들에게서 찾아볼 수 있는 바로 그 표정이었다. 이는 육체적으로 극한의 상황에 도달한 사람들에게서도 보이는 얼굴이다.

흔히 '승리의 짜릿함/패배의 고통'이란 제목으로 스포츠 기사에 실리는 사진을 보면 경이로울 정도의 분투 끝에 승리한 얼굴 혹은 패배의 고통으로 일그러진 얼굴을 볼 수 있다. 그러나 이 역시 다른 모든 것을 배제한 절정의 순간일 뿐이다. 내가 생각하는 마스터의 진짜 얼굴은 편안하고 고요하며 가끔 희미한 미소까지 띠는 모습이다.

사실 가장 존경받는 스포츠 선수들은 가끔 다른 차원에 빠진 듯한 모습을 보일 때가 있다. 이들은 수많은 사람이 만들어내는 소음 속에서 상대 선수를 마주해 힘들고 때론 초

중요한 건 일에 대한 사랑

그리고 외적 보상이 없을 때도

그 일을 계속 해내는 태도다.

자연적이기까지 한 일들을 별일 아닌 듯 해내고, 혼돈에 빠지기 쉬운 순간에도 묵직하게 중심을 잡고 조화를 이뤄내는 모습을 보여준다.

〈에스콰이어〉의 마스터리 기획 기사를 준비할 때 나는 진짜 마스터의 얼굴을 찾아보고 싶었다. 대형 포토 에이전시 여러 곳을 돌며 사진과 슬라이드 필름을 수백 장 살펴보던 중 그토록 찾았던 얼굴들을 발견했다. 1마일(약 1.6킬로미터—옮긴이) 달리기 경주에서 마지막 바퀴를 도는 스티븐 스콧의 얼굴은 놀랍게도 고요하고 편안해 보였다. 또 다이빙 보드 끝에 선 그렉 루가니스의 얼굴은 침착한 집중력이 무엇인가를 보여주는 완벽한 예시였다.

마루 운동에서 비드마의 몸은 불가능에 가까운 격렬한 동작을 소화하고 있었지만 얼굴은 깊은 사색에 빠진 듯 고요했다. 수비수가 뻗은 손 위로 '스카이 훅' 슛을 던지는 농구 선수 카림 압둘자바 Kareem Abdul Jabbar 의 얼굴에는 내면의 기쁨이 고스란히 드러났다. 압둘자바는 뛰어난 농구 실력으로 얻은 돈과 명예, 특권을 누렸지만 그 무엇보다 자신이 개발한 스카이 훅을 사랑했다.

마스터리

앞서 말했듯이 목표를 이루는 것도, 만일의 상황에 대비하는 것도 모두 중요하다. 하지만 이것들은 미래와 과거에 치중한, 즉 감각의 영역을 벗어난 일들이다. 마스터리는 현재의 순간에만 존재한다. 직접 볼 수 있고 들을 수 있으며 냄새를 맡을 수 있고 느낄 수 있다. 정체기를 사랑한다는 건 현재를 사랑하는 것이다. 노력에 따른 비약적 향상과 성취의 달콤한 열매를 즐기는 것이며, 또 한 번 맞이할 새로운 정체기를 담담하게 수용하는 것이다. 정체기를 사랑하는 건 당신의 삶에서 가장 본질적이고도 가장 오래 지속되는 뭔가를 사랑하는 것이다.

마스터가 되기 위한
다섯 가지 질문

인간은 태어나서부터 죽을 때까지 끊임없이 배우는 능력을 타고났다. 이 능력이야말로 인간을 다른 모든 생명체와 구별해주는 중요한 특징이다. 역사적으로 인간은 만드는 동물, 노동하는 동물, 싸우는 동물로 정의되었지만 모두 불완전하며 결과적으로는 틀린 말이다. 인간은 배우는 동물이다. 인간이란 종의 본질은 이 단순한 정의만으로도 충분하다.

유전적으로 프로그래밍되지 않은 기술을 연마해 마스터에 이른다는 것은 인간의 특징을 가장 잘 보여주는 행위다. 우리의 가장 최초이자 가장 위대한 배움은 특정 절차나 양식에 따르지 않는다. 즉 말하는 법과 걷는 법을 배우는 유아기 때부터 우리는 온 세상을 학교로 삼아 마스터로 가는 길에 오른다.

우리는 주변의 모든 어른과 우리보다 나이가 몇 살 더 많은 아이들에게서 말하는 법을 익혔다. 이들은 우리의 성공에 미소를 짓고 실수를 용납하며 잔소리를 하지 않은 가장 훌륭한 스승들이었다. 두 다리로 서고 걷는 법 또한 중력의 도움(분명 가장 위대한 스승 역할을 했을 것이다) 외에도 우리를 끊임없이 격려해주고 붙잡아준 이들 덕분에 익힐 수 있었다.

하지만 좀 더 자란 후에는 그처럼 협조적이지 않은 환경 속에서 유전적으로 타고나지 않은 기술을 배워야 했다(제트기 조종이나 그랜드피아노를 연주하는 것은 호모 사피엔스의 진화 과정에는 없던 일이다). 그렇게 10대를 지나 성인으로 성장하면서 우리는 끊임없이 스스로에게 질문하며 마스터리를 찾아야만 하는 과업을 떠안게 되었다. 5장에서 9장까지는 마스터리를 발현해낼 수 있는 다섯 가지 질문이 담겨 있다.

5장

첫 번째 질문:
누구에게서 배울 것인가

혼자서 배울 수 있는 기술도 있고 독학을 시도해볼 만한 분야도 있지만 마스터리를 시작할 생각이라면 가장 좋은 방법은 최고의 스승을 구하는 것이다.

독학을 선택한 사람은 사실상 위험한 길에 오른 것이다. 물론 이점도 있다. 불가능의 영역을 모르는 데서 오는 자유를 마음껏 누릴 수 있고 주류의 탐험가들이 거들떠보지 않은 비옥한 땅에 발을 들여놓을 수도 있다. 토머스 에디슨, 버크민스터 풀러Buckminster Fuller와 같이 독학으로 성공한 이들도 있다. 하지만 대부분 사람은 별로 중요하지 않은 배움에 시간을 허비하며 방향을 잘못 잡았다는 사실조차 인정하지 않는다. 훗날 기존의 사고방식이나 행동 체계를 깨부수더라도 우선은 자신이 변화시키려는 대상이 무엇인지부터 알아야 한다.

배움의 형태는 다양하다. 대부분 기술은 스승에게서 일대일이나 소규모 그룹으로 배우는 것이 가장 좋다. 그 외에도 책, 영상, 테이프, 컴퓨터 학습 프로그램, (모의 비행 장치 같은) 컴퓨터 시뮬레이터, 그룹 지도, 학교, 똑똑한 친구들, 카운슬러, 동료, 심지어 길거리에서조차 배울 수 있다. 그러나 이 수많은 배움의 기준이 되는 건 결국 스승이나 코치다. 이들은 당신이 마스터를 향해 가는 여정에서 가장 처음 만나는 불빛이자 가장 밝은 빛을 비추는 등불이다.

좋은 스승을 구하기 위한 첫 단계는 스승의 자격과 계보를 살피는 것이다. 스승의 스승은 누구였는가? 그 스승의 스승은 누구였는가? 이런 식으로 스승 개인의 능력을 넘어 그 분야의 시작과 신화가 등장할 때까지 거슬러 올라간다. 계보를 거의 완벽하게 밝혀낼 수 있는 지금 시대와는 어울리지 않는 질문처럼 느껴지겠지만, 그럼에도 중요한 질문임에는 변함이 없다(책, 컴퓨터 학습 프로그램에조차 기원이 존재한다).

한편 자격만 중요시하다가 다른 사항들을 고려하지 못하는 일이 벌어져선 안 된다. 예로, 어떤 운동은 8단, 또 다른 운동도 9단이라고 하면서, 두 운동 모두에서 라이트미들급 세계 챔피언이라고 광고하는 사람은 아마도 강사로서는 형편없을 가능성이 높다. 또한 노벨 수상자의 교수법은 이제 갓 물리학자가 된 사람에게는 독이 될 수 있다.

사실 최고의 성과를 달성한 사람들이 훌륭한 스승이 되기가 더 어렵다. 누군가를 가르치려면 어느 정도 겸손함이 필요하다. 제자가 자신을 능가하는 모습에서 기쁨을 느낄 줄 알아야 한다. 제자를 보면 스승을 알 수 있다. 제자가 바로 스승의 작품인 셈이다.

가능하다면 스승을 선택하기 전에 그의 수업을 먼저 들어보는 것이 좋다. 이때 수업을 듣는 학생들을 중점적으로 봐야 한다. 또한 스승과 학생의 상호작용도 살펴봐야 한다. 스승은 따뜻한 칭찬으로 수업을 이끄는가, 아니면 비난이 가득한 분위기로 수업을 이끄는가?

우리는 칭찬을 아끼는 스승에 대한 환상을 갖고 있다. 이런 교수법이 통하는 이유는 경제원칙이 작용한 탓이다. 칭찬이 적다 못해 희소하다 보니 스승이 마지못해 인정한다는 듯 고개를 한 번 끄덕이는 것조차도 학생에게는 상당한 보상처럼 느껴지는 것이다. 이런 권위주의적인 태도는 어느 정도는 통할지 몰라도 이것이 경멸과 비난, 모욕적인 언행 등 학생의 자존심과 자존감을 무너뜨리는 방식으로 나아가면 통하지 않는다.

본래 칭찬에 인색한 성격이라도 장기적으로 긍정적인 결과를 내려면 스승은 학생들을 존중하는 모습을 보여야 한다. 훌륭한 스승이라면 제자의 잘못을 지적하는 만큼 실력을 인정하는 모습도 보여주어야 한다. 역사상 최고의 멘토라고 칭송받는 UCLA 농구 감독 존 우든John Robert Wooden이 오랜 세월 눈부신 경력을 이어가는 내내 지킨 원칙이기도 하다. 그는 선수들에게 하는 칭찬과 비난 모두에 진심을 담았으며 이를 50 대 50으로 엄격하게 유지했던 것으로 알려져 있다.

수업 시간 중에 스승과 학생들의 상호작용을 주의해서 살펴보자. 재능 있고 뛰어난 학생들만 주목을 받는가? 그렇다면 뒤처지는 학생들, 초보자들은 어떤가? 최고의 학생들, 챔피언의 잠재력을 지닌 학생들에게만 훌륭한 스승은 아닌지 살펴볼 필요가 있다.

이런 유형의 스승들은 사실 어디에나 있으며 이들도 나름의 역할을 한다. 그러나 애초에 스승의 자질은 초보자들에게도 효과적이고 열정적으로 가르침을 전하는 능력과, 평균보다 배움이 더디고 재능이 없는 학생들도 마스터의 길로 이끌어가는 능력에 있다.

이는 단순히 이타적인 성향이 있는 것 이상의 의미를 지닌다. 정신적·육체적으로 새로운 기술에 서툰 초심자들을 가르치려면 기술뿐 아니라 마스터리의 모든 것을 속속들이 꿰뚫고 있어야 한다. 지식, 전문성, 기교, 자격 여부도 중요하지만 초보자들을 가르치는 데 필요한 인내심과 공감 능력이 없다면 다른 자질들은 사실 아무것도 아니다.

스승의 자질은

초보자들도 효과적으로

가르치는 능력과

재능이 없는 학생들도

마스터의 길로 이끌어가는

능력에 있다.

최고의 스승, 최악의 스승

내가 처음으로 스승이라는 역할을 맡았을 때 세계는 전쟁의 화염에 휩싸여 있었다. 당시 올바니의 터너 필드Turner Field에 있던 고등항공교육기관의 44-C 클래스는 310명의 졸업생을 배출했다. 그중 나를 포함해 수석 졸업생 여섯 명이 공군항공조종사 신임 소위로 임관되었다.

우리는 그곳에서 비행교관의 일을 수행했고 나머지 304명의 졸업생은 전쟁터로 나갔다. 우리는 맡은 역할에 기뻐하기보다는 당장이라도 전장으로 가서 임무를 다하고 싶어 안달했고, 휴일 밤이면 장교 회관에서 술을 몇 잔 나누며 넋두리를 하곤 했다. 당시 나는 스무 살이었다. 나머지 다섯 명도 비슷한 또래였다.

1944년 3월, 실전 경험이 없었음에도 우리는 생도들을 배정받아 당시 고성능 중형 폭격기였던 B-25 조종을 가르쳐야만 했다. 유럽의 요새 침공이 임박한 시기였다. 태평양 전쟁이 몇 년은 더 지속될 거란 예측이 지배적이었다. 따라서 전투기는 물론 이를 조종하는 파일럿도 수만 명이 필요했고 엄격한 안전 수칙 같은 세부적인 사항들은 별로 중요하게 여겨지지 않았다.

우리는 문제가 될 법한 조건 속에서 비행 훈련을 해야 했다. 거대한 뇌우가 닥치는 깜깜한 밤이라 해도 교육이 한 차례 끝나는 날이면 수백 대의 B-25가 유리한 착륙 위치를 선점하기 위해 경쟁했다. 레이더 항공 통제 시스템 같은 것이 없던 때였다. 우리의 목숨은 오직 시력과 비행 기술, 반사 신경에 달려 있었다.

1944년 여름, 터너 필드의 상공에서 두 차례 거대한 충돌이 일어나 비행기 네 대가 부서지고 교관과 생도 여러 명이 안타깝게 목숨을 잃었다. 이 사건은 신문에도 보도되지 않았다. 사고를 안타까워할 시간도, 시스템을 재정비할 여유도 없었다. 자격 미달의 파일럿 생도들은 생산 라인에서 결함이 발견된 부품처럼 폐기되었다.

터너 필드에서 보낸 6개월은 이후 남태평양에서 전투 임무를 수행했을 때보다 더욱 고되고 힘든 시간이었다. 최고로 까다로운 상황 속에서 비행 교관으로 600시간을 채우고 난 후에는 절대로 지워지지 않는 비행 마스터리 감각이 새겨졌다.

내게서 배운 생도들도 그랬을까? 그건 다른 이야기였다.

과거를 모두 재생할 수는 없다. 하지만 오랜 시간이 지난 지금까지도 내 안에 생생하게 남아 있는 것들이 있다. 목화와 옥수수가 가득한 짙은 녹색의 밭 위로 뿜어져 오르던 새하얀 구름, 귀를 찢을 듯 울리다 점차 사그라들던 엔진 소리, 대서양에서 허가받지 않은 비행을 하며 아슬아슬한 게임을 하던 전투기들, 이를 숨죽이며 지켜보던 생도들의 모습이 또렷하게 남아 있다.

하지만 그 무엇보다도 교육이란 무엇인지에 대해 직접 부딪혀가며 깨달은 교훈이 내 안에 가장 깊이 새겨져 있다. 이제 와 그때의 일을 바꿀 수는 없다. 나는 내 생도들에게 최고의 교관인 동시에 최악의 교관이었다. 최고의 교관이었다고 해서 최악의 교관이었던 나 자신이 정당화될 수는 없다.

우리 여섯 명은 각각 네 명의 생도에게 두 달간 고등비행 과정을 가르쳐야 했다. 내게 배정된 이들 중 스틸과 대처(가명이다)라는 두 생도는 재능이 있었다. 나머지 둘, 브루스터와 에드먼슨(역시 가명이다)은 좋게 봐야 평범한 수준이었다. 실력 차이 때문에 자연스럽게 스틸과 대처를 한 팀으로 만들었고 다른 이들과는 함께 조종하지 않도록 했다. 그래야 본인보다 실력이 떨어지는 사람에게서 나쁜 영향을 받지 않을 거라는 판단에서였다.

나는 생도 시절 다른 교관 한 명과 함께 개발한 비행기 조종 훈련법을 두 사람에게 적용했다. 우리는 이것을 수행능력 극대화훈련법이라고 이름 붙였다. 별다른 비행 규정이 없을 때도, 아무도 지켜보지 않을 때도 완벽에 가깝게 항공기를 모는 것이 핵심이었다.

나는 스털과 대처에게 수행 능력 극대화 훈련이라고 알리지 않은 채 원래 규정보다 약 10배는 엄격한 기준을 적용했다. 보통 계기 비행(항공기의 자세, 고도, 위치 및 비행 방향의 측정을 항공기에 장착된 계기에만 의존하는 비행—옮긴이)의 경우 정해진 고도에 비해 200피트 높거나 낮게 조종할 수 있었지만 나는 두 사람에게 오차 범위가 20피트밖에 허용되지 않는다고 가르쳤다. 계기판의 회전 나침반이 항상 정방향을 가리켜야 한다고 강조했고, 1만 피트 활수로에서도 첫 100피트 안에 착륙하도록 교육했다.

그렇게 스털과 대처에게 최상의 교육을 제공했고 두 사람은 잘 따라와 주었다. 그런데 두 사람을 다른 생도들과 함께 비행시키지 않았음에도 생도들끼리 정보를 교환하는 모양이었다. 곧 두 사람은 내 의도를 알아챘다. 이후 내가 무표정한 얼굴로 말도 안 될 정도로 엄격한 기준을 내세울 때면 이들은 웃음을 참지 못하곤 했다. 몇 주가 흐른 뒤에는 나도 웃음을 참을 수가 없었다. 우리는 탁월함을 목표로 달콤한 음모를 꾸미는 동지였다. 나는 두 사람과 함께 비행하는 날 아침이면 흥분과 기대에 가득 차 눈을 뜨곤 했다.

아직도 스털과 대처의 모습이 눈에 선하다. 한 사람은 조종석에 앉고 다른 사람은 뒤편에 서서 몸을 앞으로 숙여 조종석과 부조종석 틈으로 완벽한 진입과 착륙 과정을 지켜본다. 아크릴로 된 전투기 캐노피로 쏟아지던 비현실적인 빛과 탑 모양의 구름, 눈이 시리게 파란 하늘, 무엇에도 비할 수 없는 행복에 젖어 반짝이던 두 생도의 얼굴도 생생하다. 마스터의 길에 오른 얼굴이었다.

하지만 힘들었던 일도 있었다.

브루스터와 에드먼슨 두 생도와 처음 몇 차례 비행을 한 뒤 나는 금방 흥미를 잃고 말았다. 그들의 서툰 실력을 견디기에는 나는 너무 어렸고 성급했으며 수행능력 극대화훈련에 대한 자부심이 오만할 정도로 높았다.

브루스터는 마르고 귀족적인 외형에 수줍음이 많았고, 에드먼슨은 건강한 체격에 사람들 사이에서 농담을 잘하기로 유명했다. 한번은 비행 중에 튀어나온 그의 농담이 나를 얕잡아 보는 것처럼 느껴졌다. 화가 난 나는 직접 조종간을 잡아 1만 피트 상공으로 올라간 후 예정에 없었던 곡예비행을 했다. 두 사람은 겁에 질려 얼굴이 창백해졌다.

사실 나는 두 사람을 교육하는 척만 했다. 물론 이들의 실력을 높이기 위해 노력했고 무엇 때문에 이들이 발전하지 못하는지 고민하기도 했다. 하지만 내 열정은 오래가지 못했다. 에드먼슨의 조악한 조종 실력과 브루스터의 소심함이 한 번씩 거슬릴 때면 절망과 혐오를 느끼며 고개를 가로저었고, 자포자기하는 심정으로 의자 깊숙이 몸을 묻거나 조종간을 가로채 어떻게 조종해야 하는지 시범을 보이곤 했다.

이후 브루스터와 에드먼슨도 스틸, 대처와 함께 졸업은 했지만 턱걸이 수준이었다. 전쟁이 끝난 후 한 댄스파티에서 우연히 브루스터와 조우했다. 그는 전처럼 수줍음이 많아 보였지만 나에 대한 원망이 더 컸던 모양인지 덥석 내 앞으로 오더니 터너 필드에서 나와 함께했던 시간이 어땠는지 털어 놨다. 나는 딱히 대꾸할 말이 없었다.

이미 오래전부터 교관으로서 첫 임무를 제대로 해내지 못 했다는 데 죄책감을 느끼고 있었다. 생도들을 그런 식으로 차별한 적이 이후에는 단 한 번도 없었다. 전쟁에 나가기 전 까지 두 그룹의 파일럿을 졸업시켰지만 스털과 대처에게서 느꼈던 흥분도, 브루스터와 에드먼슨에게서 느꼈던 절망도 다시는 경험하지 않았다. 인내심을 발휘하기 위해 노력했고 뒤처진 생도들에게 최선을 다했다.

젊은 시절의 치기 어린 태도와 더불어 나만의 훈련법에 대한 고집이 학생뿐 아니라 스승 자신에게도 어떤 경험을 안 기는지 알게 되었던 사건이었다.

때론 초심자가 가장 정확히 배운다

그로부터 꽤 세월이 흘러 나는 또다시 스승이 되어야 했 다. 이때는 비행보다 훨씬 섬세하고 복잡하며 어려운 기술을 가르쳤다. 마흔일곱 살 때였다. 친구가 자신이 구상 중인 합기도 수업에 참여해보라고 권유했다. 합기도라는 운동도 그때 처음 들었을 뿐 아니라 무술가가 되고 싶다고 생각해본 적은 한 번도 없었다. 이것이 벌써 20년 전 일이고, 내 생에 두 번째로 심오한 경험이었다. 가장 심오한 경험은 나중에 합기도를 가르치게 된 일이었다.

1단 검은 띠를 따기 전부터 사범의 요청으로 보조 사범을 맡아 하게 되었다. 내 업무는 초심자들에게 합기도의 기본을 가르치는 일이었다. 그로부터 6년 후인 1976년 10월에 검은 띠를 따고 얼마 지나지 않아 동료 두 명과 함께 도장을 차렸다. 1단 검은 띠를 딴 사람들이 도장을 차리는 것이 그리 일반적이지 않은 일이었던 만큼 시작은 불안했지만, 우리 타말파이어스 합기도는 곧 널리 인정받았고 좋은 도장으로 자리 잡았다.

도장을 함께 차렸던 우리 셋은 수련을 계속하며 합기도 단수를 높여나갔다. 수련 기간은 각기 달랐지만 우리 도장에서 수련한 수천 명 중 28명이 검은 띠를 땄다. 승단이 쉽지 않은 무술에서 적지 않은 숫자였다.

이제는 배움이 느린 수련생들과 초심자들을 가르치는 기술을 완전히 섭렵했다고 말할 수 있다면 좋겠지만 이렇게 말한다면 거짓말을 하는 것이리라. 여전히 노력해야 할 부분이 있다. 내 파트너인 웬디 팔머는 종종 초심자와 배움이 느린 수련생들을 가르치는 것이 얼마나 흥미롭고 즐거운지 이야기하는데, 그때마다 소중한 교훈을 얻곤 한다. 그래서 늘 그녀의 말을 귀담아들으려고 노력한다.

그녀의 말에 따르면 재능 있는 학생들은 너무 빨리 배우는 나머지 사소한 단계들을 대충 넘어간다. 그러나 그렇게 하다 보면 합기도란 무술이 지닌 신비한 힘이 불투명한 장막 아래로 가려지고 만다. 반면 배움이 느린 학생들을 가르치려면 사범도 하나씩 하나씩 점진적으로 가르쳐야 한다. 중요한 점은 이 사소한 단계들이야말로 엑스레이처럼 합기도의 본질을 꿰뚫는 것이며 무술이 움직임으로 표현되는 과정 일체를 완벽하게 보여준다는 점이다.

오랜 시간이 걸렸지만 조금씩 마스터리의 비밀을 알게 되었다. 합기도 사범으로서 가르치며 배운 것 하나는 가장 재능이 뛰어난 수련생들이 반드시 최고의 무술가가 되는 것은 아니라는 점이었다. 특출한 재능을 지닌 이들이 오히려 마스터의 길에 오르지 못하기도 했다.

1987년 〈에스콰이어〉의 동료들과 함께 각 분야의 마스터라고 불리는 운동선수들을 대상으로 인터뷰를 진행했을 때도 이런 역설을 확인할 수 있었다. 우리가 인터뷰했던 대다수 선수는 타고난 재능보다 노력과 경험을 더 강조했다.

"신이 내린 재능이 있지만 노력하기 싫어하는 야구 선수들이 정말 많았어요."

로드 커류 Rod Carew 는 이렇게 설명했다.

"이런 선수들은 처음에만 반짝하다가 순식간에 사라졌습니다. 반면 딱히 재능은 없지만 빅 리그에서 14년, 15년 넘게 뛰는 선수들이 있죠."

좋은 말과 형편없는 말

스즈키 순류 鈴木俊隆 는 저서 《선심초심 禪心·初心》에서 빨리 배우는 사람과 느리게 배우는 사람을 네 종류의 말에 빗대어 설명했다.

2부 마스터가 되기 위한 다섯 가지 질문

"경전에는 네 종류의 말이 등장한다. 뛰어난 말, 좋은 말, 시원찮은 말, 형편없는 말이다. 뛰어난 말은 채찍을 들기도 전에 기수가 바라는 대로 느리게, 빠르게, 오른쪽, 왼쪽으로 달린다. 좋은 말은 첫 번째 말처럼 움직이나 채찍이 피부에 닿기 직전에 그렇다. 세 번째 말은 채찍을 맞고 몸에 고통이 전해져야만 달린다. 네 번째 말은 고통이 뼛속까지 사무쳐야 달린다. 네 번째 말이 달리기를 배운다는 건 얼마나 어려운 일인지 가히 짐작할 수 있다."

그러면서 스즈키는 이렇게 덧붙인다.

"이 이야기를 들으면 거의 모든 사람이 가장 훌륭한 말이 되고 싶다고 생각할 것이다. 가장 훌륭한 말이 될 수 없다면 두 번째로 훌륭한 말이 되고 싶을 것이다."

하지만 스즈키는 이것이 실수라고 말한다. 뭔가를 너무 쉽게 배우면 노력하려는 마음, 더 깊이 파고들려는 마음이 생기지 않는다.

"서예를 배워보면 그리 솜씨가 뛰어나지 않은 사람들이 최고의 서예가가 되는 것을 보게 된다. 처음부터 손놀림이 몹시 뛰어난 이들은 일정 단계에 접어든 후 거대한 난관을 만

나는데 이는 기술에서도, 삶에서도 마찬가지다."

스즈키의 말에 따르면 가장 훌륭한 말이 가장 형편없는 말일 수도 있다. 또 가장 형편없는 말도 인내심을 발휘해 꾸준히 배우고 노력한다면 가장 훌륭한 말이 될 수 있다.

스즈키의 네 가지 말 이야기는 뛰어난 재능을 지닌 사람에게 주어진 과제를 분명하게 보여준다. 자신에게 있는 잠재력을 모두 발휘하려면 타고난 능력이 부족한 사람들만큼이나 부단한 노력을 해야 한다.

스승으로서 나는 빨리 배우는 사람들에게는 첫 번째 또는 두 번째 훌륭한 말이었다면 배움이 느린 사람들에게는 세 번째 또는 네 번째 말과 같은 스승이었다. 하지만 희망은 있다. 우리 합기도 도장의 수련생들 가운데 브루스터와 에드먼슨 같은 학생들을 위해 인내심을 갖고 모든 노력을 다한다면 나도 언젠가는 재능이 부족한 사람들을 가르치는 일에 통달할 것이다.

어떤 기술을 배우기 위해 스승을 찾는 와중에 수행 능력 극대화를 추구하는 스승을 만난다면 분명 운이 좋은 것이다. 하지만 그 스승이 배움이 가장 느린 학생에게도 관심을

내 안에 있는

잠재력을 모두 발휘하려면

부단한 노력을 해야 한다.

기울이고 있는지 살펴야 한다.

스승은 어디에나 존재한다

그렇다면 다른 교육 방식은 어떨까? 보통 오디오나 영상 시청에는 한계가 있다. 배움이란 결국 배우는 사람과 학습 환경 간의 상호작용이 중요하며 이 상호작용의 빈도, 질, 다양성, 강도에 따라 효과가 달라지기 때문이다.

영상은 학습자와 교육 내용 간 상호작용보다는 한 방향으로만 정보가 전달되는 쪽에 가깝다. 물론 이상적인 골프 스윙을 참고한다면 아무것도 없는 것보다야 낫지만, 당신의 스윙을 관찰해서 이상적인 스윙을 얼마나 정확하게 구현하는지 알려주지는 못한다.

그러나 손가락 하나로 재생을 멈추거나 반복 재생하거나 슬로 모션으로 재생할 수 있다는 장점이 있다. 이는 학습자의 속도나 이해도와 관계없이 일정한 속도로 흘러가는 교육용 시청각 자료나 텔레비전 프로그램보다 나은 점이라 할 수 있다.

책 또한 본인의 진도에 맞춰 학습할 수 있고 휴대도 간편하다. 하지만 마찬가지로 피드백을 받을 방법이 없다. 디지털시대의 놀라운 진보에도 불구하고 책은 여전히 기술을 습득하고자 할 때, 특히 인지 능력이 필요한 기술을 배울 때 가장 중요한 도구다. 물론 천 마디 말보다 한 번 보는 것이 낫다는 말처럼, 3분짜리 영상이 1만 글자의 역할을 해낼 때도 있다. 하지만 좋은 문장 하나가 수많은 영상 자료보다 사람들과 세상을 바꾸는 데 더욱 큰 힘을 발휘할 때도 있다.

전통적인 학교나 대학은 안타깝게도 뭔가를 배우기에 최적의 장소가 아니다. 20~35명이 정해진 자리에 앉고 교사 한 명이 앞에 서거나 앉아서 하는 '강연형 수업'은 일정 시간에 많은 수의 학생을 가르치는 데 최적화된 방식이지만 깊이 있는 배움이 불가능하다. 지난 수백 년간 산업, 교통수단, 통신, IT, 엔터테인먼트 등 우리 삶의 거의 모든 측면이 알아볼 수 없을 정도로 변했지만 학교교육 시스템은 거의 변하지 않았다는 사실이 무척 안타깝다.

한번 생각해보자. 학생 개개인의 능력이나 문화적 배경, 학습 양식과 상관없이 교사 한 명이 대체로 수동적인 학생들에게 똑같은 속도로 똑같은 정보를 제공한다. 예전에 나는 이 문제를 거론하며 현 교육 실태를 개선하는 개혁 방안으로 컴퓨터 및 새로운 교육 방법을 활용해 개인의 능력과 배우는 속도에 따라 맞춤형 교육을 제공해야 한다는 글을 쓰기도 했다.

한편 좋은 스승과 나쁜 스승은 어디에나 존재한다. 학교 수백여 곳을 직접 둘러본 후 나는 지금의 교육 시스템에서도 제 역할을 해내는 교사는 이견 없이 마스터라고 불릴 수 있다는 확신을 얻었다. 이들은 아주 세련된 수업을 하지는 않더라도 각각의 학생들을 수업에 능동적으로 참여시키는 방법을 알고 있었다.

수상 경력도 있는 한 수학자는 대학에서 강의할 때 칠판에 공식을 일부러 틀리게 적는 실수를 저지르곤 했다. 그러면 학생들은 누가 먼저 교수의 실수를 발견하고 수정해주는지 경쟁을 벌였다고 한다. 자연스럽게 학생들의 참여를 이끌어내는 이런 교수법이야말로 가르침의 기술에서 마스터의 경지에 이르렀다고 말할 수 있다.

적당히 거리를 두어라

위와 같은 스승을 만났다면, 특히 뭔가를 배우는 시작 단계에서 찾았다면 운이 좋은 것이다. 사실 대부분 학생에게는 스승에 대한 선택지가 그다지 많이 주어지지 않는다. 설령 선택권이 있다고 해도 잘못된 선택을 하는 경우가 많다. 자신과 맞지 않을 땐 선택을 되돌려야겠지만 그전에 우선 자신의 내면부터 들여다보는 것이 좋다.

물론 스승에게서 많은 것을 기대하는 마음은 당연하다. 하지만 스승들 가운데서도 게으르거나 지나치게 목표 지향적이거나 무관심하거나 사람의 심리를 교묘하게 이용한다거나 정말로 실력이 부족한 사람도 있을 수 있다. 그러니 심리적으로 적절한 거리를 지키는 게 중요하다.

물론 너무 거리를 두면 마스터가 되는 과정에서 필수적인, 스승에게 복종할 기회를 잃게 된다(7장을 참고하라). 또 너무 거리를 좁히면 객관적인 시각을 잃고 제자가 아닌 신도가 되고 만다. 적절한 균형을 유지하는 것은 스승뿐 아니라 학생에게도 책임이 있다. 도저히 양립할 수 없는 차이가 있다면 헤어질 때를 아는 것 또한 지혜다.

무엇보다 배움의 여정은 결코 끝이 없다는 점을 명심해야 한다. 일본의 위대한 검객 야마오카 테슈山岡鉄舟가 남긴 말을 기억하도록 하자.

이것이 전부라고
생각하지 마라.
놀라운 가르침은
훨씬 더 많다.
검술에는 끝이란 것이 없다.

6장

두 번째 질문:
어떻게 연습할 것인가

오래된 농담 하나를 해볼까 한다. 텍사스에서 온 한 커플이 캐딜락을 타고 콘서트장으로 향하다 뉴욕의 남동부 지역에서 길을 잃었다. 이들은 길을 멈추고 흰 수염의 노인에게 물었다.

"카네기 홀에 가려면 어떻게 해야 하나요?"

노인이 말했다.

"연습해야지!"

'연습하다practice'라는 동사의 쓰임은 누구나 알 것이다. 트

럼펫을 연주하고, 춤을 배우고, 구구단을 익히고, 다양한 임무를 수행한다고 할 때 연습은 평소 우리의 삶과 동떨어진 뭔가를 대상으로 한다. 우리는 기술을 배우기 위해, 자기 개선을 위해, 성공하기 위해, 목표를 달성하기 위해, 돈을 벌기 위해 연습하고 훈련한다. 그렇다. 카네기 홀에 입성하려면 연습을 해야 한다.

하지만 마스터의 여정에 오른 이들은 이 단어를 명사, 즉 우리가 뭔가를 하는 것이 아니라 우리가 가진 것, 우리의 존재 자체로 이해해야 한다. 이런 맥락에서 연습이란 단어는 중국어의 따오$_{dao}$, 일본어의 도$_{とう}$와 유사하게 길道이란 의미를 가진다. 연습은 우리가 지나가는 그 길 자체다.

이런 의미에서 연습은 삶에서 필수 불가결하기에 꾸준히 무언가를 하는 것이다. 뭔가를 얻기 위해서가 아니라 연습 그 자체를 위해 하는 것이다. 스포츠나 무술이 될 수도 있고 정원을 가꾸거나 카드 게임을 하거나 요가, 명상, 지역 봉사 활동이 될 수도 있다. 의사가 의술을 행하고 변호사가 변론을 펼칠 때도 당연히 연습을 거친다. 하지만 환자나 고객을 모으기 위해, 돈을 벌기 위해 연습한다고 하지는 않는다. 훗날 마스터리가 되어 보상을 얻을 수는 있지만 보상이 그 길에 오른 주된 이유는 아니다.

궁극적으로 마스터와 마스터의 길은 하나다. 마스터의 여정에 오른 사람이 운이 좋다면, 즉 그 길이 충분히 복잡하고 심원하다면 걸음을 옮길 때마다 목적지도 눈앞에서 몇 킬로미터 간격을 유지한 채 함께 나아가는 경험을 할 것이다.

우리 워크숍에 참석한 한 여성이 내 아내 애니에게 이미 검은 띠를 땄는데 왜 아직도 합기도 수업을 듣느냐고 물었던 적이 있다. 그러자 애니는 검은 띠란 끝없는 여정의 한 단계이며 자신은 죽는 날까지 배움을 계속할 자격을 얻은 것뿐이라고 몇 분간 설명했다.

"점수를 어떻게 얻는지는 중요하지 않아. 그저 점수만 높이면 돼", "뭘 어떻게 할 건지는 설명할 필요 없고 광고 지면을 팔기만 하면 돼", "이기는 것은 전부가 아니라 유일한 것이다"라고 말하는 이들에겐 목적이 없는 여정에 헌신한다는 게 이해가 안 될 뿐 아니라 이상하게 보일 것이다. 하지만 스포츠나 경제 기사에 등장하는 이런 슬로건의 이면에는 그들이 알지 못하는 진실이 있다.

최고의 선수들도 종종 미디어에서 점수와 승리를 강조하는 말들을 입에 올린다(오늘날의 미디어 풍조에서 이기는 것에 관한 이야기 말고 다른 이야기를 듣고 싶어 하는 사람이 있을까?). 하지만 실상 그들은 수많은 경험을 통해 얻은 불운과 행운의 우여곡절, 훌륭한 플레이, 아슬아슬하게 위기를 모면하는 능력, 짜릿한 마무리가 가득한 게임들을 소중히 여긴다. 누가 이겼는지는 관계없이 말이다.

한 가지 비밀이 더 있다. 우리가 마스터로 알고 있는 사람들은 자신의 기술을 더 발전시키기 위해 연습에 매진하는 것이 아니다. 사실은 연습 그 자체를 즐기기 때문에 한다. 그러다 보니 기술이 늘고, 실력이 늘수록 기초를 반복하는 것이 더욱 즐거워진다. 이른바 선순환이 만들어지는 것이다.

우리 합기도장의 기초반 초심자들은 기본 동작 몇 가지를 8~10회 정도 반복하고 나면 집중력을 잃고 새로운 것을 찾아 헤맨다. 그러나 기초반 수업을 듣는 검은 띠 수련생들은 가장 기본적인 동작 안에 내재된 아주 작은 차이와 무한한 가능성의 가치를 알아보는 지식과 경험, 즉 감각을 갖고 있다.

몇 년 전 아직 갈색 띠였을 때의 수업이 떠오른다. 사범님이 시호나게shiho-nage(사방던지기)라는 기술을 보여주면서 이 기술을 변형한 동작을 두 시간 내내 시켰다. 처음에는 그다음에 어떤 기술을 배울지 궁금했다(우리 도장에서는 같은 동작을 이렇게 오래 연습시킨 적이 거의 없었다). 그러나 한 시간 내내 같은 동작을 하자 시간의 흐름이나 같은 동작을 반복하고 있다는 사실조차 잊고 최면 상태 같은 고요하고 안정적인 리듬에 빠져들었다. 그 사이 지각이 확장되기 시작했고 각 변형 동작에 담긴 알아채기 힘든 미묘한 차이가 점차 의미심장하게 다가왔다. 두 시간 수업이 끝날 때가 되자 자정까지 수업이 계속되기를, 이 수업이 영영 끝나지 않기를 바라고 있는 나 자신을 발견했다.

남들보다 매일 5분 더 연습하라

무술계에서 오랫동안 전해져 내려오는 말이 있다. "마스터란 다른 사람들보다 매일 5분 더 매트 위에 머무는 사람이다."

이는 합기도에만 해당하는 이야기가 아니다. 1988년 8월, 시애틀 시호크스라는 프로 미식축구팀 공격 코디네이터의 초대를 받아 훈련 캠프에 방문했다. 아침 훈련이 끝나자 선수들이 어기적거리며 경기장을 나서 탈의실로 향했다. 단 두 선수를 제외하고 말이다. 한 선수는 경기장을 달리다가 갑자기 방향을 바꿔 다른 한 명이 던진 공을 받는 훈련을 계속했다. 몇 번이고 같은 패턴으로 달리며 패스를 받았다.

경기장은 텅 비어 있었다. 다른 선수들은 모두 탈의실에서 샤워하고 옷을 갈아입었다. 코치들도 없었고 관중들도 벌써 자리를 뜬 후였다. 나는 그 선수의 모습에 사로잡혀 사이드라인을 떠나지 못했다. 저 열정적인 사람은 도대체 누구일까? 1군을 목표로 하는 신입 선수임이 분명했다. 하지만 내 예상은 빗나갔다. 그는 시애틀 시호크스 최고의 패스 리시버이자 미식축구 리그 역사상 최고의 리시버로 꼽히는 스티브 라젠트Steve Largent였다.

어느 종목에서는 마스터로 손꼽히는 선수는 훈련의 마스터이기도 하다. 보스턴 셀틱스의 래리 버드Larry Bird는 역사상 가장 완벽한 농구 선수일 것이다. 그는 다른 선수들처럼 높이 점프하거나 빨리 움직이지는 못했지만 1980년 NBA 올해의 신인상을 받았다. 그리고 두 번의 챔피언십 시리즈에서 MVP로 선정되었으며 3년 연속 정규 시즌 MVP를 거머쥐었다.

1986년 셀틱스가 NBA 챔피언십 리그에서 우승하자 기자들은 버드에게 앞으로의 계획을 물었다. 그는 이렇게 답했다.

"제겐 보강해야 할 부분이 있습니다. 다음 주부터 오프 시즌 훈련을 시작할 생각입니다. 하루에 두 시간씩 훈련하고 자유투는 최소 100개씩 연습할 겁니다."

프로 선수들 대부분이 여름에는 휴식을 취하곤 했지만 버드는 아니었다. 그는 가파른 언덕길을 올라갔다 내려갔다 하며 체력 단련을 했다. 그리고 인디애나주 프렌치릭의 자택에 마련한 실외 코트에서 유리 백보드 농구대로 훈련을 계속했다. 그는 네 살 때 농구 훈련을 시작한 이후로 단 하루도 훈련을 멈추지 않았다.

시즌 중에는 브루클린에 있는 헬레닉 칼리지Hellenic College의 체육관에서 연습했다. 미국 전역을 돌며 원정 경기를 할

마스터란 다른 사람들보다

매일 5분 더 매트 위에

머무는 사람이다.

때는 게임에 들어가기 전 항상 근처 경기장에서 훈련했다. 셀틱스에 몸담고 있을 때 그는 다른 선수들보다 한두 시간 먼저 코트에 도착해 자유투, 폴어웨이샷, 3점 슛은 물론 모든 각도에서 슛 동작을 연습했다. 가끔은 재미 삼아 사이드라인이나 1열에 앉아서 슛을 던지기도 했다.

버드에게 승부욕이 있었다는 것만은 확실하다. 그러나 그의 에이전트 밥 울프에 따르면 오로지 승리를 위해 열심히 훈련하고 전력을 다해 경기를 뛰는 것은 아니었다.

"본인이 즐거워서 하는 거예요. 돈을 벌기 위해서도, 찬사를 받거나 명성을 얻기 위해서도 아니었어요. 그는 농구를 좋아할 뿐입니다."

스포츠는 물론이고 무술, 춤, 음악 등 실력이 바로 드러나는 기술은 당연히 연습이 중요하다. 하지만 사실 연습은 모든 분야에서 중요하다. 이는 인간의 꾸준한 노력, 성실한 태도를 뜻하며 우리가 이르고자 하는 마스터리의 두 번째 비결이다.

예를 들어보자. 모범적인 경영best practice은 예산, 재고관리, 품질관리 등 기본에 충실하게 임하면서 사업 운영의 메커니즘을 최신 상태로 유지할 줄 알아야 한다. 어떤 가족은 일상이 아무리 바쁘고 정신없어도 함께 모여 식사하는 것을 반드시 지킨다ritual. 국가에서도 국가 기념일이나 신성한 날을 기리는 등 반드시 지키는 관례practice가 있다.

별다른 성과가 없는 것처럼 느껴질 때조차 연습을 꾸준히 한다는 건 처음에는 무척이나 힘든 일이다. 하지만 그 연습이 인생의 소중한 일부로 자리 잡는 날이 온다. 당신이 제일 좋아하는 커다란 의자에 몸을 맡기듯, 시간의 흐름도 세상의 소음도 잊은 채 연습에 빠져들 것이다. 연습은 당신을 위해 내일도 모레도 항상 그 자리에 있다. 결코 당신의 곁을 떠나지 않을 것이다.

"합기도를 마스터하려면 얼마나 걸릴까요?"

합기도 지망생이 이렇게 물어온다. 그러면 나는 이렇게 대답한다.

"당신은 몇 살까지 살 수 있을 것 같습니까?"

이 질문에 적절한 대답은 이것밖에 없다. 연습이 곧 마스터의 길이다. 어느 정도 그 길을 계속 걷다 보면 그곳이 성공과 실패, 도전과 위안, 놀라움과 실망, 온갖 즐거움과 생동

감이 넘치는 곳임을 깨달을 것이다. 그 여정 중에 몸과 마음의 고통은 물론 자아의 무너짐까지 경험하겠지만 이것이 당신의 인생에서 가장 신뢰할 만한 자산임을 알게 된다. 결국 이 경험들 덕분에 당신은 승리하고, 사람들은 당신에게 마스터라는 칭호를 부여할 것이다. 하지만 이것이 핵심은 아니다. 마스터리란 무엇인가? 마스터리는 연습이다. 마스터리는 연습의 여정을 지속하며 그 길에 머무는 것이다.

7장

세 번째 질문:
무엇을 버려야 하는가

마스터가 되고자 하는 용기는 기꺼이 복종하려는 의지로 알 수 있다. 스승에게 복종하고 배움의 길에 복종하는 것이다. 이는 더 높은 수준에 이르기 위해, 다른 차원의 경지에 도달하기 위해 그간 어렵게 쌓아온 능력을 포기한다는 의미이기도 하다.

의미 있는 뭔가를 새롭게 배우는 초기에는 '바보'와 같은 마음이 필요하다(에필로그를 참고하라). 뭘 해도 어설프고, 실수하거나 엉덩방아를 찧는 일도 종종 일어난다. 그러나 달리 피할 방법은 없다. 점잔을 빼는 초심자들은 단단한 갑옷을 입은 듯 경직되어 배움이 파고들 자리가 없다.

바보와 같은 마음이 필요하다고 해서 육체적 균형과 도덕적 신념을 저버려야 한다거나 본인에게 해가 되는 가르침을 무조건 받아들여야 한다는 게 아니다. 하지만 앞서 우리는 스승을 검증하는 절차를 마쳤다(5장을 참고하라). 이제는 스승에 대한 불신을 잠시 접어둘 때다. 스승이 우리에게 손가락 하나를 코에 대고 외발로 서는 것부터 시작하라고 했다고 치자. 그렇게 하면 안 되는 타당한 이유가 없다면 복종해야 한다. 일단 한번 해보는 것이다.

기술을 처음 배울 때는 대체로 약간은 수모를 당하고 부끄러운 일들을 겪는다. 예를 들어 처음 다이빙을 할 때는 배치기를 할 확률이 높은데, 그러면 수영장에 있는 모든 사람의 주목을 받는다. 이 시선을 견딜 자신이 있는가? 없다면 다이빙을 배우는 건 포기하는 편이 좋다.

처음 그림을 그릴 때는 모나리자가 아닌 길쭉한 감자 모양에 가까운 얼굴을 그릴 수밖에 없다. 하지만 이게 미술을 포기할 만한 이유가 되는가? 스케이팅을 처음 탈 때 마구 휘

뭔가를 배우는

초기에는

'바보'와 같은 마음이

필요하다.

청이는 발목은? 쿵 하고 넘어져 딱딱하고 차가운 얼음판에 엉덩방아를 찧을 때의 아픔은? 이런 아픔과 수치는 비단 초심자들만 겪는 것이 아니다. 무려 올림픽 때도 얼마든지 벌어지는 일이다. 그 경지까지 가고 싶다면 이런 수모도 기꺼이 견딜 준비가 되어야 한다.

그뿐만 아니라 뭔가를 배울 때는 끊임없이 반복하거나 단순하지만 몇 번이고 되풀이해야 하는 기초 동작들이 있다. 바보가 아니고서야 수십만 번이나 장음계와 단음계를 반복적으로 연습할 것을 알고도 음악에 발을 들일 사람이 있을까? 많은 사람이 이렇게 뭔가를 끊임없이 반복하는 것이 싫어 복종을 거부한다.

세 번째 합기도 수업을 절반쯤 들었을 무렵 사범님이 타이노 헨코tai no henko, 즉 몸의 방향 전환이라는 아주 기초적인 기술을 선보였다. 그 순간 나도 모르게 이런 말이 나왔다.

"그 기술은 이미 배웠습니다."

하지만 사범님은 아무 대답도 하지 않고 그저 희미한 웃음을 지어 보였다. 나는 완벽하게 복종했고 그날 이후 몸 돌리기를 최소 5만 번 이상 훈련했다.

사실 지루함의 본질은 강박적으로 새로운 것을 구하는 마음에서 비롯된다. 그러나 반복적인 작업에 몰입하는 과정에서, 익숙한 주제를 미세하게 변주할 때 무한한 충만함이 있음을 깨닫는 데서 만족을 느낄 줄 알아야만 마스터의 길을 걸을 수 있다.

지금까지의 '나'를 버려라

동양에는 위대한 검객과 그의 가르침을 구하는 제자의 이야기가 상당히 많다. 이야기의 기본적인 흐름은 거의 같다.

예로, 한 젊은이가 멀고 먼 지역에 사는 검술의 달인에 대한 소문을 듣는다. 길고도 험난한 여정 끝에 검객이 머무는 집 앞에 도착하고 제자가 되고 싶다고 간청한다. 검객은 젊은이의 눈앞에서 문을 닫아버린다. 그 후 매일같이 젊은이는 검객의 집으로 찾아가 무작정 기다린다. 그렇게 1년이 흐르고, 검객은 마지못해 젊은이를 들여 상삭을 패고 불을 싣는 등의 잡일을 시킨다. 그런 생활이 몇 달 혹은 몇 년 동안 계속된다.

그러던 어느 날 아침, 검객이 아무런 예고도 없이 뒤에서 젊은이의 어깨를 죽도로 내려친다. 경계심을 가르치기 시작한 것이다. 그렇게 검객은 자신의 죽도를 제자에게 하사하고 검술을 가르친다. 가르침을 받는 과정 내내 제자는 묵묵히 복종한다.

이런 이야기는 '일주일에 12분으로 완성하는 토털 피트니스' 같은 제목을 단 도서가 베스트셀러가 되는 나라에서는 별 의미가 없을지 모른다. 그러나 놀랍게도 이 서사는 미국식으로 변형되어 대중문화를 파고드는 힘을 발휘했다. 시리즈 가운데 1편이자 최고로 평가받는 영화 〈베스트 키드_{Karate Kid}〉는 몇 년에 걸친 이야기를 몇 달로 압축해서 장작을 패고 물을 긷는 대신 가라테 고수의 담장을 제자가 페인트칠하고 자동차에 왁스를 칠하는 것으로 대체되었다.

스승에게 복종하고 기초에 복종하는 것은 단지 시작에 불과하다. 어떤 분야든 마스터리로 나아가다 보면 다음 단계로 올라서기 위해 그간 어렵게 쌓아온 능력을 포기해야 하는 순간을 맞닥뜨리게 된다. 즉 기술에 익숙해지고 편안해진 시점이 되었을 때 그 기술을 버려야 한다. 우유 한 컵과

한 병에 대한 우화가 이를 잘 보여준다. 손을 뻗으면 닿을 테이블 위에 우유 한 병이 놓여 있다. 하지만 우유 한 컵을 손에 쥐고 있어서 쉽게 뻗지 못한다. 우유 한 병을 얻으려고 손에 든 우유를 포기하려니 두려운 것이다.

전혀 근거 없는 두려움은 아니다. 골프장에서 90타를 치던 사람이 80타, 70타에 진입하고 싶다면 당분간은 90타를 치던 기술을 포기해야 한다. 자신의 기술을 완전히 해체하고 나서야 새롭게 쌓을 수 있다. 이는 거의 모든 기술에 적용되는 이야기다.

오랜 세월 동안 나는 취미로 재즈 피아노를 치면서 별로 어렵지 않은 코드로만 건반 몇 개를 이용해 나만의 레퍼토리를 개발했다. 그리고 더 나아가지는 못했다. 가끔 현실에 안주하는 유형에 대해 글을 쓰거나 설명할 때마다 내 피아노 실력이 떠오르며 '내 이야기잖아!' 싶었다.

그러다 1년 전 내 합기도 파트너이자 가수 겸 기타리스트인 웬디의 부추김에 넘어가 소규모 재즈 그룹에 참여하게 되었다. 새로운 키로 새로운 노래를 몇 곡이나 배우고, 내게 익숙한 코드 보이싱도 바꾸며 꿈에도 생각 못 했던 수준의 연주를 해야 했다. 당연히 모든 것이 엉망이었다. 예전에 나 혼자 편안하게 연주하던 그 느낌은 어디로 간 걸까? 손안의 컵은 내려놓았으나 아직 테이블 위의 병은 잡지 못한 상태였다. 나는 이 두 능력치 사이의 두렵고 아슬아슬한 공간에서 허둥거리고 있었다.

그때 지역의 한 재즈 공연장에서 연주할 기회가 생겼다. 어쩌면 나였을까? 누군가 "현재를 즐기자"라고 말했고, 그 순간 나는 곧장 현실 안주의 영역에서 강박의 영역으로 직행했다. 매일 오른쪽 새끼손가락 힘줄에 염증이 생길 정도로 맹렬하게 연습했다. 연주를 마칠 때마다 얼음찜질을 해야 할 지경이었지만 다행히도 큰 사고 없이 무대를 마쳤다. 그러한 과거를 뒤로 하고 이제는 재즈 피아노의 마스터리를 향해 조금씩 나아가고 있다.

마스터는 배우는 자일 뿐이다

지금보다 높은 수준의 능력 또는 다른 분야의 능력을 얻기 위해 현재의 능력을 포기해야 한다면 어떻게 하겠는가?

여기서 가라테 대가인 러셀과 토니(둘 다 가명이다) 두 사람이 합기도를 배운 이야기를 들어볼 필요가 있다. 러셀과 토니는 일주일에 다섯 번 합기도 수련을 받는 8주 프로그램에 참여했다. 교육을 맡은 사람은 나였다.

러셀은 체구는 작았지만 강단이 있고 열정적·학구적이었다. 동료 수련생들에게 도움이 되는 일이라면 기꺼이 노력을 다하는 훌륭한 성품도 지녔다. 박사학위까지 있었던 그는 큰 단체에서 전문적인 훈련을 지도하는 책임자이기도 했다. 게다가 가라테 1단 검은 띠였다. 반면 토니는 교육이라고는 길거리에서 배운 것이 다였다. 그는 어린 나이에 무술에 입문해 서른한 살에 가라테 4단 검은 띠를 따고 가라테 도장 두 곳을 운영하고 있었다.

러셀은 훈련 매트에 오르는 순간부터 무술을 오래 수련해왔다는 것을 온몸으로 드러냈다. 그는 가라테 동작을 하며 몸을 풀곤 했다. 수업 중 그에게 주먹을 날려보라고 하면 그는 전에 익혔던 전문적인 스타일을 고수했다. 양손 잡기 공격을 선보일 때는 의식적으로 공격 대상에게서 간격을 최대한 벌리고 움직였다. 나는 그에게 간격을 좁히고 공격의 흐름에 몸을 맡기라고 조언했다. 그러면 그는 웃으며 말했다.

"농담이시죠?"

나는 기초 동작을 배우려면 우선 방어하겠다는 생각을 모두 잊는 편이 좋다고 말했다. 반격의 틈을 노리는 법은 나중에 배울 예정이었다. 그러나 그는 자신의 전문 기술을 끝끝내 버리지 못했다. 4주 후 그는 한 번도 무술을 배우지 않은 사람들보다 뒤처졌고, 그제야 비로소 자신의 전문 기술을 포기하고 마스터의 여정에 올랐다.

토니는 달랐다. 처음부터 자신이 무술의 대가라는 사실을 드러낼 만한 행동을 전혀 하지 않았다. 높은 단수에도 불구하고 조금도 과시하지 않았으며 다른 수련생들보다 스승을 더욱 존경하는 모습을 보였다. 그는 평온하고 진실했으며 자신의 주변에서 벌어지는 모든 일을 관찰했다. 그래서 무술을 오래 수련한 사람이라면 바로 알아볼 수 있는 강력한 존재감을 발휘했다. 그가 앉고 서고 걷는 것만 봐도 마스터의 여정에 오른 사람이라는 게 느껴졌다.

첫 4주의 교육을 마치는 날, 나는 모든 수련생을 매트 가장자리에 앉게 한 뒤 토니에게 가라테 카타kata(품새)를 보여

달라고 부탁했다. 그는 허리 숙여 인사한 뒤 매트의 중앙으로 걸어가 몇 번 심호흡했다. 이후 펼쳐진 광경에 모든 사람이 놀란 듯 숨을 들이마셨다. 그는 두 눈이 쫓아가기 힘들 정도로 재빠르면서도 우아하게 날카로운 타격과 발차기를 선보이며 도약하고 회전한 뒤 가상의 적들을 해치우곤 우렁찬 기합 소리를 냈다. 품새를 마친 후 겸손하게 다시 인사하고는 사람들이 앉아 있는 자리에 앉았다. 그곳에 있는 사람들 가운데 가장 초심자인 것처럼 말이다.

경영이든, 결혼 생활이든, 배드민턴이든, 발레든 마스터의 여정에서 반드시 견지해야 할 태도는 마주하는 단계마다 초심자의 태도와 정신을 갖는 것이다. 복종은 세상에 완성이란 없음을 인정하는 것이다. 우리 모두 그저 배우는 자일 뿐이다.

8장

네 번째 질문:
내가 바라는 모습은 무엇인가

지향성intentionality(어떤 대상을 향해 마음과 행위를 준비시키는 의식 또는 활동—옮긴이)은 이미 오래전부터 존재했던 개념으로서 성격이나 의지력, 태도, 심상, 멘털 게임 같은 단어로도 설명된다. 이 개념을 어떻게 이해하든 이것이 마스터의 여정에 필수적인 요소임은 변함이 없다.

멘털 게임은 1970년대 미국에서 유명한 스포츠 선수들이 언급하면서 대중들의 머릿속에 각인되었다. 그중에서도 골퍼인 잭 니클라우스Jack Nicklaus는 공이 완벽하게 날아올라 성공적으로 목적지에 안착하는 모습을 머릿속에 그리지 않고 샷을 친 적이 없다고 밝히면서 "하얀 공이 저 멀리 그린 위에 보기 좋게 놓인 모습"을 상상한다고 했다. 그의 말에 따르면 완벽한 샷은 50퍼센트의 심상화, 40퍼센트의 셋업 자세, 10퍼센트의 스윙으로 완성된다.

프로 미식축구의 러닝백 선수들은 경기 전날 몇 번이나 자신의 플레이를 상상한다고 했다. 이들은 멘털 훈련을 얼마나 선명하게 하는가에 따라 다음 날 경기장에서 성공적인 플레이를 펼치는 능력이 달라진다고 고백했다.

보디빌더들도 지향성의 가치에 대해 언급했다. 아널드 슈워제네거 Arnold Schwarzenegger는 온전히 의식하며 한 번 중량을 드는 것이 아무런 의식 없이 열 번 드는 것과 같다고 주장했다. 프랭크 제인 Frank Zane (미국의 유명 보디빌더—옮긴이)은 무거운 중량을 들 때 마음의 힘이 큰 역할을 한다고 했다.

스포츠 훈련과 관련된 과학 분야는 이미 상당히 높은 수준으로 발전했기 때문에 앞으로 발전의 쪽은 아수 비미할 수밖에 없다. 잭 니클라우스가 성공적인 샷에 스윙이 기여하는 바가 10퍼센트밖에 되지 않는다고 말한 것도 아마도 그의 스윙이 완벽한 수준에 이르렀기 때문일 것이다. 그에 비해 마음과 정신은 아직 규명되지 않은 미지의 영역이자 이 분야의 선구자들이 많은 이득을 누릴 수 있는 영역이다.

수많은 상위 랭킹 팀과 선수들이 스포츠 심리학자를 고용해 이완과 자신감, 특정 플레이나 움직임을 머릿속으로 그리는 훈련을 배우고 있다. 심리학자를 둘 여건이 안 되는 사람들을 위해 멘털 게임을 연습하는 오디오나 영상도 나오기 시작했다.

이런 도구들에는 아주 단순한 메시지가 담겨 있는데, 한 예로 마인드 커뮤니케이션즈Mind Communications, Inc.에서 출시한 녹음테이프 같은 경우는 잠재의식에 긍정적인 메시지를 전달한다. 파도 소리 또는 핑크 노이즈pink noise(재생 주파수 대역에서 고르게 재생되는 노이즈. 자연에서 발생하는 규칙적인 소리가 대표적이다―옮긴이)를 배경으로 특정 단어나 구절을 들려줌으로써 잠재의식에 메시지를 전달하는 것이다.

미식축구 선수를 위한 테이프에는 이런 구절이 담겨 있다. "나는 내 플레이를 알고 있다. 나는 중요한 사람이다. 나는 할 수 있다. 나는 뛰는 것을 좋아한다. 나는 편안한 상태다. 나는 강해지기 위해 중량 운동을 한다. 나는 가장 먼저 공을 빼앗는다. 나는 설탕, 커피, 술, 담배를 멀리한다. 나는 몸싸움을 좋아한다. 나는 목표를 세운다. 나는 운동을 좋아한다. 나는 공을 절대 놓치지 않는다. 나는 상대방을 이길 자신이 있다. 달린다. 달린다. 달린다. 나는 깊고 고르게 호흡한다. 나는 승리자다."

이런 메시지가 실제로 선수들의 경기력을 높였는지에 관한 연구는 아직 진행된 게 없다. 한편 콜로라도 주립대학교의 리처드 수인Richard M. Suinn 박사는 깊은 이완 상태에서 자신이 배우고자 하는 기술을 머릿속에 그리는 심상화 운동시연Visuo-Motor Behavior Rehearsal, VMBR이라는 좀 더 복잡한 개념을 소개했다. 노스텍사스대학교 연구자들이 진행한 VMBR 연구에서는 학생 32명을 네 그룹으로 나눠 가라테 기초반을 가르쳤다. 이들은 6주 동안 집에서 각각 다른 방식으로 훈련했고 일주일에 이틀은 가라테 수업을 받았다.

시작 전에 참가자들을 대상으로 불안도와 기초 실력 심사를 한 뒤 네 가지 방식으로 나누어 훈련을 진행했다. 첫째, 근육 이완만 한다. 둘째, 눈을 감고 가라테 동작을 하는 모습을 떠올리는 심상화 훈련만 한다. 셋째, VMBR, 즉 이완 운동을 한 후 심상화를 한다. 넷째, 집에서 아무런 훈련도 하지 않는다. 그리고 네 그룹 모두 전통적인 가라테 수업을 받았다.

6주 후 연구진은 학생들의 불안도를 다시 측정하고, 가라테 도장에서 늘 하던 방식대로 품새와 대련을 심사했다. 불안 검사에서는 VMBR 그룹과 1번 그룹이 불안도 수치가 가장 낮은 것으로 측정되었다. 대련에서는 VMBR 그룹이 다른 세 그룹에 비해 월등히 높은 점수를 받았다.

이 실험과 더불어 비슷한 연구들이 보여준 결과는 통계적으로 유의하긴 하지만 극적인 의미가 있다고 보긴 어렵다. 우선 이런 연구들이 이뤄진 기간이 상대적으로 짧고 대부분 초심자를 실험 대상으로 삼았기 때문이다. 이런 한계로 연구의 결과는 마스터에 도달한 운동선수들이 전하는 일화보다 설득력이 떨어진다.

내가 아는 심상화의 가장 강력한 증거는 합기도 매트 위에서 직접 체험한 경험이다. 합기도의 가장 큰 특징은 움직임의 메커니즘에 다양한 은유와 이미지를 적용한다는 것이다. 마음 또는 정신이라는 실체가 없는 영역에서 가장 강력한 육체적 결과가 도출된다. 예를 들면 2교(손목 돌리기)라 불리는 기술은 상대에게 손목을 잡혔을 때 상대의 공격 손목을 감싼 후 특정한 각도로 내리누르는 동작이다. 제대로 수행하면 이 절묘한 손기술로 공격자의 무릎에 아주 강력한 반격을 가할 수 있다.

2교를 단순히 기계적으로만 연습해도 효과가 있지만 그러려면 상당한 근력이 필요하다. 그런데 이 기술을 시도할 때 특정한 심상화 훈련을 더하면 그저 통계적으로 유의한 수준을 넘어 깜짝 놀랄 정도의 효력을 발휘한다.

예를 들면 나는 제자들에게 평소처럼 손가락을 쭉 펴 공격자의 손목을 감싸되, 잡은 손목에 대해서는 잊은 채 길게 뻗은 손가락이 죽 늘어나 레이저 광선처럼 공격자의 얼굴을 관통해 두개골까지 닿는다는 상상을 해보라고 한다. 혹은 길게 늘어난 손가락이 공격자의 척추를 따라 내리긋는다고 생각해보라고 한다. 다른 모든 조건이 같을 때 이 기술은 심상화를 얼마나 선명하게 하느냐에 따라 효과가 크게 달라진다.

내가 합기도를 수련할 때도 기술을 심상화할 때가 근력만으로 기술을 쓰는 것보다 훨씬 큰 위력을 발휘했다. 내가 힘을 쓰고 있다는 의식조차 없는데도 공격자가 깜짝 놀란 얼굴로 순식간에 바닥으로 고꾸라진 적도 있었다.

비전은 열망을 길어 올리는 우물이다

기계적인 훈련 그리고 여기에 심상화를 더할 때 나타나는 차이를 어떻게 설명할 수 있을까? 마법처럼 늘어난 손가락은 그저 상상으로 만들어낸 허구일 뿐일까, 아니면 어떤 면에서는 '진짜'라고 볼 수 있을까?

가장 쉬운 설명은 움직임의 메커니즘이다. 즉 길게 늘어난 손가락이 공격자의 척추를 내리긋는다고 상상할 때 2교를 기능적으로 수행하는 데 필요한 몸의 정렬이 올바르게 유지된다는 것이다. 즉 적절한 지침이며 분명한 사실이다.

하지만 오랜 세월 합기도를 수련한 경험에 비춰 보면 단순한 지침 그 이상의 것이라 생각한다. 상식적으로 손가락이 1미터까지 늘어나 상대의 몸을 관통해 척추까지 닿는 건 불가능하다. 그러나 마음속 이미지가 아주 선명할 때, 내 손가락이 공격자의 척추를 훑어 내린다는 느낌을 받을 때 아무런 힘을 들이지 않고도 마법 같은 효과를 발휘하는 것이다.

이러면 무엇이 '진짜'인가에 대한 문제를 생각해보지 않을 수 없다. 행동주의 심리학자 스키너 B. F. Skinner의 표현처럼 의식이란 단순한 부수현상일 뿐일까? 아니면 정신적인 것만 진짜라고 주장한 시인 윌리엄 블레이크 William Blake가 옳은 걸까? 정신적인 사고와 객관적인 세계가 현실에서 차지하는 바는 달라도 어쨌거나 모두 진짜라면 이 두 영역이 상호작용을 하는 원리는 무엇일까?

짧은 책 한 권은 고사하고 두꺼운 책으로도 설명하기 어려운 문제다. 그래도 간단히 요약하면 생각, 이미지, 감정은 실재하며 물질과 에너지의 영역에 대단한 영향을 미친다고 할 수 있다.

실제로 순수한 정보는 우리가 물질적이라고 분류하는 것들보다 훨씬 더 영구적이며 실은 이 두 가지가 같은 개념이다. 천문학자 제임스 진스 Sir James Jeans는 "우주가 서내긴 끼께보다 거대한 의식에 가깝다는 생각을 점점 더 하게 된다"고 밝혔다.

예를 들어 솔로몬 성전은 더는 목재와 돌, 금의 형태로 존재하지 않는다. 세상 어디에서도 찾을 수가 없는 곳이다. 그러나 성서의 열왕기상 6장과 7장을 읽을 때 머릿속에 아주 상세하고도 생생한 그림이 그려진다. 스칼렛 오하라도, 안나 카레니나도 실제 인물이 아님에도 옆집 이웃보다 가깝게 느껴질 때가 있다.

휴대용 트랜지스터라디오는 우리가 두 손으로 만지고 느낄 수 있는 진짜다. 마찬가지로 라디오 배선 도면도 진짜이고, 발명가가 그 도면을 설계할 때 머릿속으로 떠올렸던 이미지도 진짜다. 이 중 좀 더 진짜같이 느껴지는 건 무엇인가? 대답하기 어려운 문제다.

기본적인 구조와 부품들 간 관계는 세 가지 모두 동일하지만 가장 추상적인 것이 가장 본질적이면서도 가장 영구적이다. 라디오의 도면이나 마음속에 떠올린 이미지는 우리가 손에 쥐고 있는 라디오라는 물체보다 더 오래 남을 것이기 때문이다. 이렇듯 실체가 없는 개념에는 몇 가지 이점이 더 있다. 부품 간의 관계도에 변화를 주고 싶다면 3차원적인 라디오보다 도면이나 머릿속의 이미지에서 이루기가 한결 쉽다.

머릿속으로 이미지를 그리는 것은 아이디어에 구조를 더한다. 또한 이 구조의 형태를 다른 형태로 바꾸는 데도 관여한다. 사실 이 전환이야말로 마스터리의 모든 것을 설명해준다. 나는 제자들에게 던지기 동작을 먼저 머릿속으로 상상하게 한 뒤 한 시간 정도 땀으로 온몸이 흠뻑 젖을 때까지, 던지기 동작에 대해 앞서 떠올렸던 생각이나 감정이 말끔히 사라질 때까지 훈련을 시킨다. 이렇게 이미지를 활용하면 무술이라는 3차원의 세계에서 훌륭한 결과로 이어질 때가 많다.

생각, 이미지, 감정은 실재하는 개념이다. 에너지는 질량과 속도의 제곱에 비례한다는($E=MC^2$) 아인슈타인의 생각은 놀라운 힘을 불러일으켰다. 이 아이디어가 어마어마한 열과 충격으로 이어지기까지는 길고도 험난한 과정을 거쳐야 했다. 그러나 그 생각과 비전, 지향성은 본질적으로 바뀌지 않았다.

아널드 슈워제네거는 이렇게 말했다.

"일단 비전을 만들어야 한다는 것만은 확실하다. 아름다운 비전은 '이루고 싶다는 열망'을 만들어내기 때문이다. 나

일단 비전을 세워라.

아름다운 비전은 '이루고 싶다는 열망'을

만들어내기 때문이다.

역시 무대 위에 올라 우승하는 모습이 생생하게 떠올랐기 때문에 미스터 유니버스가 되고 싶다는 갈망이 생겨났다."

마스터를 향한 여정에서 지향성은 당신을 움직이는 동력이 된다. 모든 마스터는 결국 비전의 마스터리를 갖고 경지로 나아간다.

9장

다섯 번째 질문:
한계 앞에서 피하는가, 맞서고 있는가

마스터리를 시작하며 우리는 한 가지 역설에 빠질 수 있다. 바로 목적을 달성하기 위해 목적이 없는 연습, 연습을 위한 연습을 해야 한다는 것이다. 거의 예외 없이, 이른바 마스터라는 이들은 자신이 하는 일의 기본 원칙에 헌신한다. 이들은 연습에 열중하며 미약하지만 조금씩 나아가고 있는 성장의 진가를 안다. 동시에 이들은 이전의 한계에 도전하고 한 차원 높은 퍼포먼스를 위해 위험을 감수하며 심지어는 목적 달성에 강박적으로 매달린다. 이들에게는 한계에 도전하는 것과 높은 차원으로의 성장이 양자택일의 문제가 아니라 동시에 이뤄야 하는 것들이다.

톰 울프Tom Wolfe의 저서 《필요한 자질The Right Stuff》 속 주인공인 척 예거Chuck yeager는 많은 이들이 역사상 가장 훌륭한 파일럿으로 꼽는 인물이다. 척 예거 자서전의 마지막 장에서 훌륭한 파일럿이란 무엇인지, 어떤 자질이 필요한지에 대해 설명하는데 첫 두 페이지에서 '경험'이란 단어를 세 번이나 언급한다. "비행기를 조종하는 데 필요한 자질이 있다면 그것은 바로 경험이다."

정체기를 예찬하는 사람이자 끝없는 마스터의 여정에 오른 여행자인 그는 '한계를 넘나드는 탐험'이 주는 짜릿함에 대해서도 말한다. 역사상 최초로 초음속 비행기를 몰기로 예정된 전날 그는 거칠게 날뛰는 말에서 떨어져 어깨를 다쳤다. 다음 날 2만 피트 상공의 모선에서 X-1 로켓기에 오른 그는 어깨 부상으로 해치를 제대로 닫기가 어려웠다. 그러나 이에 굴하지 않고 기다란 대걸레 자루를 이용해 반대쪽 손으로 해치를 닫은 후 결국 음속 장벽을 넘어섰다.

여기서 중요한 점은 자신의 한계를 시험하는 것만이 아니라 끝도 없는 연습 그리고 그 여정에서 마주하는 매력적인 목표, 이 두 가지 사이에서 아슬아슬한 균형을 찾아야 한다는 것이다. 나는 도장에서 합기도라는 무술이 끝없는 여정이라고 항상 말하곤 한다. 하지만 엄격하면서도 때때로 극적이기까지 한 심사를 주기적으로 치르기도 한다.

특히 1단 검은 띠는 하나의 통과의례다. 1단 검은 띠 심사까지 3~6개월의 준비 기간은 고급 기술을 집중적으로 훈련하는 시간일 뿐 아니라 육체적으로나 정신적으로나 극한의 시험을 거치는 시기다. 이 고통스러운 시간 동안에는 개인의 결점과 그간 숨겨왔던 특이한 기질이 온전히 드러난다. 이 시간 동안 잘 담금질한다면 심사의 시간은 자신의 자아가 아닌 본질을 표출하는 시간, 길고 긴 여정에서 절정의 순간, 한계를 초월하는 순간이 된다.

하지만 무엇보다 중요한 것은 여정이다. 고대 동양에 이런 속담이 있다. '깨달음을 얻기 위해 장작을 패고 물을 길어라. 깨달음을 얻은 후에도 장작을 패고 물을 길어라.' 검은 띠를 딴 후에도 다음 날 매트에 서서 검은 띠로서 처음으로 내던져질 준비를 해야 한다.

마스터라는 이들은

자신이 하는 일의

기본 원칙에 헌신한다.

한계를 시험한다는 것은 균형을 잡는 것과 같다. 안전지대를 넘어 스스로를 한계 이상으로 밀어붙이는 순간을 의식해야 한다. 마스터의 여정에 오른 사람이 의식적으로 자신의 한계를 밀어붙이는 결정을 한다.

너무도 단순하고 명쾌해 모든 것이 순식간에 분명해지는 달리기 종목에서 종종 이런 모습을 볼 수 있다. 더 빠르고 힘차게 달리려면 자신의 한계에 도전해야 한다. 따라서 달리기 선수나 달리기 선수를 꿈꾸는 사람들에게는 안전하고도 합리적인 프로그램이 제공되어야 하고, 훈련 과정에서 맞닥뜨릴 위험과 함정을 충분히 알려야 한다.

체중을 감량하거나 스트레스를 완화하거나 심장 건강을 지키기 위해서 등 특정한 목적으로 달리는 사람들도 인정해줘야 하지만, 현실적인 목표에 대해서만 논하는 건 인간의 정신력을 평가절하하는 행위다. 많은 사람이 체중을 감량하기 위해서가 아니라 기계적인 문화에서 탈출하기 위해, 죽음을 미루기 위해서가 아니라 지금의 삶을 충만하게 만들기 위해 달린다. 이들에게는 달리기의 위험에 대해 경고하는 비평가들의 이야기가 아무런 의미가 없다.

이들은 성인으로서 충분히 의식적으로 달리기를 선택한 사람들이다. 400미터 트랙을 한 번도 쉬지 않고 완주하는 것이든, 철인 3종 경기에서 1등을 노리는 것이든 이들은 기존의 한계를 뛰어넘고 가능성의 영역을 확장하기 위해 달린다. 〈아메리칸 메디컬 뉴스American Medical News〉에 실린 다음의 기사처럼 말이다.

스포츠 역사상 패배의 고통이 이렇듯 애절하게 드러난 장면은 없었다. 하와이에서 열린 철인 3종 경기 세계 챔피언십Ironman Triathlon World Championship에서 여자부 마라톤 선두를 달리던 스물세 살의 줄리 모스가 그 주인공이다. 결승선까지 90미터를 남겨두고 모스는 넘어지고 말았다. 다시 일어났지만 겨우 몇 미터를 더 달리다 또다시 쓰러졌다. 그녀가 몸을 가누지 못하는 모습이 TV에 고스란히 찍혔다. 다시금 일어나 달리다 또 쓰러진 그녀는 이내 기어가기 시작했다. 2등에게 추월당한 그녀는 결승선까지 기어서 가다가 손을 뻗어 결승선을 터치한 후 기절하고 말았다.

ABC 스포츠 아나운서 짐 맥케이Jim McKay는 "그녀는 영웅이다. TV 스포츠 방송 역사상 가장 위대한 순간이다"라고 전했다. 그러나 캘리포니아에 있는 로즈빌 커뮤니티 병원의 정형외과 의사이자 장거리 달리기 러너인 길버트 랭Gilbert Lang은 같은 장면을 보고 "어리석은 행위이자 자칫하면 생명을 잃을 뻔한 위험한 행동"이라고 말했다.

랭과 맥케이 두 사람의 의견 모두 옳다. 모스의 행동은 어리석은 모습인 동시에 영웅의 모습이었다. 어떤 달리기 선수도 죽음의 문턱까지 가도록 부추김을 당해서는 안 된다. 하지만 이런 영웅들이 없다면 이 세상은 얼마나 메마르고 생기 없는 곳이 될까?

유사 이전 시대에 부족을 위해 자신을 희생했던 사냥꾼들이 셀 수 없이 많았다. 이들이 없었다면 인류는 지구상에서 사라지고 말았을 것이다. 모스와 같은 이들은 우리 모두를 위해, 인간의 의지와 존재를 증명하기 위해 달렸다. 한계에 이르기까지 자신을 채찍질하고, 어떤 대가를 치르더라도 반드시 완주하겠다는 그녀의 무모하고도 영웅적인 갈망을 우리가 마스터라고 부르는 대부분의 사람들이 갖고 있다.

하지만 이처럼 한계에 도전하기 전에 수년간의 배움과 훈련과 복종과 지향성이 선행되어야 한다. 그러면 한계를 넘어서면 끝인 걸까? 분명 더 많은 정체기와 성장이 기다리고 있을 것이다. 영원히 끝나지 않은 여정이 또 시작되는 것이다.

3부

마스터리를 위해
필요한 도구들

마스터리의 시작이 코앞에 다가온 지금, 아래와 같이 조금 더 구체적인 사항을 짚어볼 시점이 되었다.

- 어떻게 해야 다시 과거의 악습으로 돌아가지 않을 수 있을까?
- 필요한 에너지를 어디서 얻을 수 있을까?
- 여정에서 어떤 위험들을 만날까?
- 마스터리를 일상에 어떻게 적용할 수 있을까?
- 여정을 위해 무엇을 준비해야 할까?

3부에서는 마스터의 길에 오르기로 결심한 여행자를 위한 조언과 이별 선물을 마련했다. 이 모든 준비를 마친 후에는 부디 행복한 여정에 오르길 바란다.

10장

당신의 결심이
실패하는 이유

우리는 더 나은 삶을 위해 변화를 결심한다. 변화에도 여러 가지가 있겠지만 우선 여기서는 마스터리를 시작하며 뭔가를 꾸준히 연습하기로 했다고 해보자. 친구들에게 자신의 다짐을 알리고 일기장에도 적었다. 그러고 나서 실제로 연습해보니 효과가 있었다. 기분이 좋고 새로운 변화를 이뤄내 행복했다. 주변 친구들도 기뻐해주었다. 그렇게 당신의 삶은 전보다 더 나아졌다. 하지만 그다음 단계가 되자 곧바로 과거로 되돌아가버렸다!

대체 왜일까? 의지력이라고는 없는 게으름뱅이여서일까? 반드시 그런 건 아니다. 과거로 돌아가는 건 누구나 경험하는 일이다. 좋든 나쁘든 인생의 커다란 변화에는 저항이 있기 마련이다. 우리의 몸과 두뇌, 행동 습관은 기존의 상태를 유지하려 하고, 변화가 발생하면 빨리 제자리로 돌아오려는 속성을 지녔다. 사실 이런 성질은 우리에게 유리하게 작용할 때가 많다.

이렇게 생각해보자. 만일 체온이 크게 오르락내리락한다면 당신의 몸은 곧 위험한 상태가 될 것이다. 혈당은 물론 신체의 수많은 기능도 마찬가지다. 신체의 균형 상태, 변화에 저항하는 성질을 항상성homeostasis이라고 하는데 이는 박테리아에서부터 개구리, 인간, 가족, 조직, 문화에 이르기까지 어디서든 찾아볼 수 있는 자기조절 시스템이다. 이것은 신체 기능은 물론 심리적 상태와 행동에서도 드러난다.

가장 단순한 예를 들면 가정용 보일러가 있다. 겨울에 날씨가 추워지면 벽에 설치된 온도조절장치가 실내 온도를 감지해서 전기 신호를 보내 난방 시스템을 가동한다. 난방 시스템은 온도조절장치가 설치된 공간에 열을 보내고, 실내 온

마스터리에 필요한

시간과 노력을

기꺼이 감내할 의사가 있는지는

결국 본인이 판단할 문제다.

도가 설정된 온도에 도달하면 온도조절장치가 다시 난방 시스템에 전기 신호를 보내 가동을 중단한다. 이런 피드백 회로를 통해 난방 시스템은 항상성을 유지한다.

방을 설정 온도로 유지하려면 난방 시스템은 피드백 회로가 한 번 오가는 것으로 충분하다. 그러나 가장 단순한 단세포 유기체조차도 생명 활동과 유지에 수천 번의 피드백 회로가 가동된다. 인간이 항상성을 유지하려면 두뇌에서 신경 섬유까지 혈관을 통해 수십억 번의 전기 화학 신호가 오가야 한다.

예를 들면 우리의 피부 표면에는 신경 말단의 형태로 약 15만 개의 미세한 온도조절장치가 있어 신체에서 열이 손실되는 것을 감지한다. 그보다 피부의 좀 더 깊숙한 곳에는 약 1만 6,000개의 신경 말단이 외부로부터 열이 유입되는 것을 알린다. 더욱 민감한 온도조절장치는 뇌의 아래쪽 시상하부에 있는데, 이 시상하부는 심장에서 머리로 혈액을 공급하는 대동맥의 작은 혈관들과 근접해 있다. 시상하부의 온도조절장치는 체내 온도가 아주 조금만 달라져도 민감하게 알아챈다.

추위를 느끼기 시작하면 이 온도조절장치들은 땀샘과 땀구멍, 피부 가까이에 자리한 모세혈관에 수축하라는 신호를 보낸다. 분비선 활동과 근육의 긴장으로 몸이 떨리며 열이 발생하고, 머리에서는 두뇌로 아주 강력한 메시지를 보내 몸을 움직이거나 옷을 더 걸치거나 불을 피우도록 한다.

사회 집단에서는 더욱 복잡한 피드백이 작동한다. 한 예로 가족은 가르침, 훈계, 처벌, 특혜, 선물, 호의, 인정과 애정의 표현, 심지어 대단히 미묘한 보디랭귀지와 표정으로 집단의 안정된 상태를 유지한다.

가족보다 큰 사회적 집단에서는 더욱 다양한 피드백 시스템이 작동한다. 예컨대 한 국가의 문화는 입법 과정, 법의 집행, 교육, 대중문화, 스포츠와 게임, 특정한 활동에 따른 경제적 보상과 복잡한 관습 체계, 개인의 권위와 위치를 드러내는 표지, 롤모델 역할을 하는 유명 인사, 국가의 신경계와 같은 미디어 등을 통해 유지된다. 흔히 문화가 새로운 것만 추구한다고 생각하기 쉽지만, 사실 이 모든 것의 주 기능은 우리 몸속 피드백 시스템과 마찬가지로 국가를 현 상태로 존속시키는 데 있다.

문제는 항상성은 굉장히 좋다고 볼 수 없는 것마저도 그대로 유지하려고 한다는 점이다. 예를 들어 고등학교를 졸업한 이후 20년 동안 거의 앉아서만 생활했다고 하자. 주변 친구들 대다수가 운동하는 모습을 보고 결국 운동 열풍에 합류했다. 처음에는 운동용 타이즈와 러닝화를 사는 것도 즐겁고, 집 근처 고등학교 운동장에서 처음 몇 발자국 떼는 것 또한 재미있게 느껴진다. 그러다 운동장 트랙을 약 3분의 1 정도 달릴 즈음 끔찍한 일이 벌어질 수 있다. 갑자기 속이 메슥거리고 머리가 어지러운 느낌이 들 수 있다. 한 번도 느껴보지 못한 가슴 통증도 느껴진다. 어쩌면 죽을지도 모르겠다.

　사실 이 이상한 느낌은 그 자체로는 별 의미가 없다. 당신 몸속의 항상성이 시끄러운 울음소리와 더불어 정신없이 불을 반짝이며 비상경보를 울리고 있는 것이다. '경고! 경고! 호흡, 심박, 대사에 중대한 변화가 감지되었다! 지금 뭘 하고 있든 당장 멈춰야 한다!'

　항상성은 유익한 변화와 나쁜 변화를 구분하지 못한다는 점을 명심해야 한다. 항상성은 모든 변화에 저항한다. 20년 동안 운동을 하지 않았으니 몸은 앉아서 생활하는 삶을 정상이라고 인식하고, 좋은 변화가 시작되는 것을 위협이라고 인지한다. 결국 우리는 시도해볼 만한 유행이 또 뭐가 있는지 고민하며 천천히 걸음을 옮기며 두리번 거린다.

한 가정의 사례를 살펴보자. 아버지는 일주일에 네 번은 술을 진탕 마시는 술고래다. 그가 술을 마시는 날과 이후 며칠 동안은 집안이 소란하다. 그리고 이런 주기적인 소동은 어느새 정상적인 일상으로 자리 잡는다. 그러다 어떤 이유에서인지 아버지가 술을 끊는다. 가족들은 이제 모두가 행복해질 거라고 생각한다. 실제로 한동안은 그렇다.

하지만 항상성은 교활하고도 이해할 수 없는 방식으로 반격해온다. 몇 달 안에 다른 가족 구성원이 앞서 아버지의 폭음처럼 가정에 풍파를 불러올 일을 벌일(아들이 물건을 훔치다가 잡히는 등) 확률이 높다. 현명한 전문가의 조언이 없다면 가족들은 아이가 본인도 모르게 가정의 정상적인 상태를 유지하기 위해 아버지의 역할을 대신하고 있다는 걸 영영 깨닫지 못할 것이다.

마찬가지로 조직과 문화에 변화가 발생할 때도 이에 저항하고 과거로 회귀하는 현상이 흔하게 나타난다. 그것이 좋은 쪽이든 나쁜 쪽이든 변화에 대한 저항은 변화의 규모와 속도에 비례한다. 조직적 또는 문화적 개혁 과정에서 대단한 저항을 만난다면 이는 그 개혁이 대단히 나쁜 아이디어거나 대단히 좋은 아이디어이기 때문일 것이다. 사소한 변화나 관료적 개입은 훨씬 수월하게 수용하는 경향이 있다.

심리 치료에서도 대화를 많이 나누는 치료법을 (어느 수준까지는) 환자가 쉽게 받아들이는 것도 이와 비슷한 맥락이다. 환자가 자신의 문제를 의사에게 얼마나 털어놓을 것인지 그 정도와 밀도에는 차이가 있을 수 있지만, 대화량이 늘어나는 것 자체가 환자가 처한 현실에는 그다지 변화를 불러오지 않기 때문에 수용할 수 있는 것이다.

항상성을 비난하려는 것이 아니다. 우리는 몸과 마음, 조직이 잘 유지되길 바란다. 또한 정해진 날짜에 월급을 받기를 바란다. 우리는 생존하기 위해 안정된 상태를 바라는 것이다. 그러나 변화는 언젠가 벌어진다. 사람은 변하며 가족도 변한다. 조직과 문화 전체가 변하기도 한다. 그 과정에서 불안과 고통, 갈등을 경험하지만 결국 항상성이 새롭게 설정된다.

그렇다면 항상성을 어떻게 해결해야 할까? 더 나은 삶을 위한 변화를 어떻게 해야 수월하게 이룰 수 있을까? 변화를 어떻게 지속할 수 있을까?

위 질문들은 마스터리를 시작하는 시점에서 아주 중요하다. 지금껏 몇 년간 별생각 없이 직장을 다니다 이제부터 마스터리의 원칙을 업무에 적용하기로 했다고 생각해보자. 삶이 완전히 달라질 것이고, 이 변화로 항상성의 문제를 마주할 것이다.

삶에 그리 중요하지 않은 정원 가꾸기나 테니스 같은 취미 활동이라도 마스터리로 접근하기 시작하면 그 변화의 힘은 당신이 하는 모든 일에 영향을 미친다. 자신의 잠재력을 크게 깨달을 때 우리는 다방면에서 변화를 경험한다. 그 변화를 즐기고 커다란 혜택을 누렸다고 해도 언젠가는 항상성 문제를 맞닥뜨리게 된다.

항상성의 비상경보는 신체적·심리적 증상으로 찾아온다. 자신도 모르는 새 그간의 노력을 헛수고로 만드는 일을 저지를 수도 있다. 가족이나 친구, 동료들의 반대에 부딪힐 수도 있다. 어쩌면 이것저것 손대고, 강박적으로 집착하고, 현실에 안주하던 예전의 익숙한 모습으로 되돌아가지 않은 것만으로도 다행이라고 여겨야 한다.

결국 마스터리에 필요한 시간과 노력을 기꺼이 감내할 의사가 있는지는 본인이 판단할 문제다. 만약 결심했다면 아래의 조언들을 잘 기억해두도록 하자. 이 내용은 마스터리를 위한 것이지만 꼭 마스터리가 아니라도 삶에 변화를 시도할 때 참고할 수 있는 이야기다.

1. 항상성의 원리를 인식하라

이것은 가장 중요한 지침이다. 변화에 저항하고 과거로 회귀하는 일이 벌어지리라는 걸 예상해야 한다. 항상성이 비상경보를 울려도 자신이 어디가 아프거나 정신이 이상해졌거나 게으르거나 마스터의 여정에 오르겠다는 결심이 나쁜 선택이 아니었음을 명심해야 한다.

사실 이런 신호들은 당신의 삶이 원하던 대로 변화하고 있다는 방증이다. 물론 자신에게 좋지 않은 것을 선택했다는 신호일 수도 있다. 그것은 오직 당신만이 알 뿐이다. 하지만 어떤 경우에도 처음 난관을 경험할 때의 혼란에 휩싸여 변화를 포기해서는 안 된다.

친구나 가족, 동료들의 저항을 마주할 수도 있다(앞서 살펴본 대로 항상성은 개인뿐 아니라 사회적 시스템에도 존재한다). 그간 아침 7시 30분에 일어나는 것도 힘들어하고 9시 출근 시간에도 간신히 맞추는 생활을 했다고 하자. 마스터의 여정을 시작한 이후에는 아침 6시에 눈을 떠 약 5킬로미터를 달린 후 활기 넘치는 모습으로 8시 30분에 출근한다. 아마도 이런 변화에 동료들도 크게 기뻐하리라고 생각할 것이다.

그러나 실제로는 그러지 않을 수도 있다. 시스템 내 일부가 변화하기 시작하면 결국 시스템 전체가 바뀌어야 한다. 따라서 당신이 사랑하는 누군가가 당신의 변화를 은근히 또는 공공연하게 깎아내려도 놀랄 것 없다. 이들은 당신이 망가지길 바라는 게 아니다. 그저 항상성이 작용하고 있는 것뿐이다.

2. 변화를 위해 저항과 일부 타협하라

빨간 불빛이 번쩍이고 비상벨이 울리는 저항에 맞닥뜨릴

때는 어떻게 해야 할까? 이 순간에는 물러나서도, 무리해서 밀어붙여서도 안 된다. 달리기 속도를 높이거나 조직을 변화시키기는 등 성공적이고도 장기적인 변화를 이끌어내려면 타협이 핵심이다. 장거리 달리기 선수로서 코스 완주 기록을 단축하고 싶다면, 고통을 위협적인 적이 아니라 성과를 위한 최고의 가이드로 받아들여 항상성과 일종의 타협을 할 수 있다. 변화를 추진하는 관리자라면 조직 내 불만이나 혼란을 가리키는 신호에 눈과 귀를 열고 변화에 따르는 불편의 한계를 조금씩 확장해가야 한다.

이때는 2보 전진을 위해 1보 후퇴하거나, 1보 전진을 위해 2보 후퇴하는 태도가 필요하다. 또한 변화를 밀고 나갈 결단력도 필요한데, 이때 주변 상황에 대한 인식이 없어선 안 된다. 경고 신호를 인식하지 못한다면 방향을 잃고 시스템을 망칠 수 있다. 경고 신호에도 무작정 밀고 나가기만 한다면 예전으로 회귀할 가능성이 커진다.

어디서 어떤 형태로 저항이 나타날지는 알 수 없다. 불안감? 심리에서 기인한 신체적 증상? 자기파괴적인 행동? 가족, 친구, 동료와의 다툼? 아니면 전혀 새로운 문제가 나타날 수도 있다. 결코 경계를 늦춰선 안 된다. 쉽지 않은 타협에 대비해야 한다.

3. 지원 시스템을 마련하라

마스터리는 혼자서 할 수도 있지만 새로운 변화에 따르는 긍정적·부정적 감정을 나눌 사람들이 있다면 큰 도움을 받을 수 있다. 가장 좋은 지원 시스템은 당신과 비슷한 과정을 이미 거쳤거나 현재 거치고 있는 사람들, 자신의 이야기를 해주고 당신의 이야기를 들어줄 사람들, 당신이 과거로 돌아가려 할 때마다 잡아주고 당신이 잘할 때는 더욱 용기를 북돋워주는 사람들이다.

다행히도 마스터리는 거의 항상 사회적 집단을 형성한다. 요한 하위징아Johan Huizinga 는 명저 《호모 루덴스Homo Ludens》에서 스포츠와 게임에 사람들을 응집시키는 힘이 있다고 말했다. 그는 "특수한 상황에 '따로 또 함께' 있다는 기분, 뭔가 중요한 것을 공유한다는 느낌, 함께 세상에서 동떨어져 일반적인 규범을 거부한다는 느낌"에 취해 놀이가 끝난 후에도 놀이 공동체가 지속될 확률이 높다고 설명했다. 이런 경향은 스포츠만이 아닌 예술, 공작, 사냥, 낚시, 선禪 수행, 직업, 심지어 사무실에서도 찾아볼 수 있다.

만약 마스터리를 시작해서 그 과정 내내 홀로 가야 한다면 어떻게 해야 할까? 당신과 같은 길을 가는 동료를 찾을 수 없다면? 그래도 가까운 사람들에게 당신이 무슨 일을 하는지 알리고 도움을 요청할 수는 있다.

4. 꾸준히 연습하라

무엇이든 변화를 시작한 사람이라면 단순히 목표를 달성하기 위해서가 아니라 연습 그 자체에 의의를 두고 꾸준히 가치 있는 활동을 해나가는 데서 안정과 위안을 찾을 수 있다. 마스터리를 시작한 여행자가 다시 한번 행운이라고 볼 수밖에 없는 것이, 앞서 여러 차례 밝혔지만 연습 그 자체를 위한 연습이 마스터리의 토대이기 때문이다.

새로운 변화와 그에 따른 도전에 맞닥뜨리기 전에 이미 뭔가를 꾸준히 연습하는 것이 몸에 뱄다면 더욱 운이 좋다. 예를 들어 꾸준히 아침 운동을 하는 습관이 들었다면 마스터리의 원칙을 직업이나 인간관계에 적용하는 게 한결 쉽다.

연습은 습관이다. 무엇이든 꾸준히 연습할 때 변화로 인한 불안정한 상황에서 안정적인 기반을 제공하는 항상성이 만들어진다.

5. 평생 배움에 전념하라

우리는 배움이 책으로 배운 지식 이상의 개념이라는 사실을 종종 잊는다. 배우기 위해서는 변해야 한다. 책을 통해서든, 몸이나 행동으로 하든 교육은 학습자를 변화시키는 과정이다. 배움은 대학을 졸업했다고 해서 끝나는 게 아니며 마흔이 되거나 예순이 된다고 해서 끝나는 것이 아니다.

가장 위대한 배움은 배우는 법, 즉 변화하는 법을 배우는 것이다. 평생 배우는 사람은 항상성에 대처하는 법을 깨우친 사람이다. 늘 항상성에 대응하고 있기 때문이다. 이것저것 손대는 사람도, 강박적으로 집착하거나 현실에 안주하는 사람도 모두 나름의 방식으로 뭔가를 배운다고 할 수 있지만, 평생 배우는 것은 영원히 끝나지 않는 미스터리에 발을 내디딘 사람들만의 특별한 영역이다.

평생 배우는 것은

마스터리에 발을 내디딘 사람들만이 누리는

특별한 영역이다.

11장

우리 안의 에너지를
믿어라

마스터리에 전념할 시간과 에너지가 없다는 생각이 든다면 '해야 할 일이 있을 땐 바쁜 사람에게 그 일을 부탁하라'는 오래된 속담을 기억하자. 아마도 자신에게 주어진 것보다 훨씬 더 많은 일과 놀이를 해내는 에너지 넘치는 사람이 주변에 한 명쯤은 떠오를 것이다.

가만히 생각해보면 우리 모두 에너지 넘쳤던 때가, 아무리 높은 산도 그리 높아 보이지 않고 일과 놀이의 경계가 흐릿해지다 이내 사라졌던 때가 있었다. 수업 시간에는 겨우 눈만 뜨고 있다가도 방과 후 운동장에서 축구를 할 때는 완전히 깨어 초롱초롱해졌던 것을 기억하는가? 처음 사랑을 시작할 때, 일하다 곤란한 문제가 생겼을 때, 위험이 닥쳤을 때 온몸에 에너지가 솟구치는 경험을 한 적이 있는가?

인간은 사용하지 않으면 망가지는 기계에 가깝다. 물론 한계치가 있고 건강한 휴식과 이완이 필요하지만 대부분 우리는 에너지를 사용함으로써 에너지를 얻는다. 육체적인 피로에 가장 좋은 처방은 30분의 운동일 때가 많다. 마찬가지로 정신적·영적 권태는 단호한 행동이나 뭔가를 하겠다는 결심으로 치유될 때가 많다.

고등학교 물리 시간에 운동에너지는 물체의 움직임으로 측정된다는 걸 배웠을 것이다. 인간 에너지도 마찬가지다. 활동을 통해 에너지가 만들어진다. 에너지는 비축할 수 없는 개념이다. 게슈탈트 Gestalt 치료법(심리 치료의 하나로 개인의 인식과 선택, 책임을 중요시하는 인간중심 치료법—옮긴이)의 창시자인 프레더릭 펄스 Frederich S. Pearls 는 이렇게 말했다. "나는 비축되길 원치 않는다. 나는 소비되고 싶다."

아마도 우리 모두에겐 무한한 잠재 에너지가 있을 것이다.

그게 사실이라면 왜 아주 쉬운 일도 할 수 없을 정도로 피곤함을 느낄 때가 많을까? 왜 편지 답장을 미루고, 물이 새는 수도꼭지를 고치지 않는 것일까? 왜 가장 건설적이면서도 창의적인 변화에는 저항하면서 쓸모도 없이 바쁘기만 한 일에 에너지를 낭비하는 것일까? 왜 우리는 혼자 떠들어대는 TV 앞에서 몇 시간이나 앉아 삶이 제공하는 수많은 기회를 무심하게 흘려보내는 걸까?

유아기에서 그 기원을 찾을 수 있다. 이제 막 18개월 된 아이를 몇 시간만 지켜보자. 에너지 넘치는 이 작은 존재는 아주 중요한 임무(원초적이면서도 순수한 배움)를 부여받았다. 아이는 주변의 모든 것을 보고 듣고 맛보고 느끼고 냄새 맡으며 자신의 역할을 다한다.

이런 아이에게 어느 정도의 통제가 필요한 것은 맞지만 우리는 아이의 안전을 위한다는 명목 아래 필요 이상으로 제재를 가한다. 사실은 이미 에너지가 고갈되어 지쳤기 때문이다. "좀 가만히 있지 못하겠어?" "나는 그 웅얼대는 소리를 못 참겠어!" 때로는 화를 이기지 못하고 아이에게 명령조로 말하거나, 신체적으로 제재를 가하거나, 체벌을 가하기도 한

인간은

사용하지 않으면 망가지는

기계에 가깝다.

다. 심지어 한창 세상을 배우고 있는 아기를 TV 앞에 데려다 놓으며 이렇게 말한다. "아이고! 이제 좀 살겠네!" 아이는 우리와 마찬가지로 무기력한 상태에 빠진다.

학교에서 아이들은 더욱 나쁜 환경에 놓인다. 배움은 따분한 것이 된다. 어떤 문제든 답은 하나밖에 없으며 얌전히 앉아 수업을 들어야 하는 처지가 된다. 20~35명의 아이들이 동시에 똑같은 일을 수행해야 하는 전통적인 수업 환경에서는 개인의 자주성과 탐구욕을 발휘하는 것이 거의 불가능하다. 장난기 가득한 존재감을 펼치며 높은 에너지를 발산할 여지가 없다.

친구들 앞에서 노래를 부르고 싶어 하는 여섯 살 조니는 선생님에게서 이런 이야기를 듣는다. "지금은 안 돼, 조니. 지금 우리는 할 일이 있잖니." "바보처럼 굴지 마, 조니." 마흔 살의 조니가 뭔가를 해보고 싶다는 마음이 들 때마다 선생님의 목소리가 그의 잠재의식에서 메아리친다.

이렇듯 말도 안 되는 비효율성을 자랑하는 전통적인 교육 방식은 결과적으로 읽기와 쓰기, 셈하기를 가르치고 이런저런 정보를 대략적으로나마 전달하는 데는 성공하지만, 가장 중요한 메시지는 결국 '하지 마', '안 돼', '틀렸어'다. 배움은 부정적인 것으로 변질된다. 아인슈타인은 이를 두고 "현대의 교수법이 탐구라는 신성한 호기심을 아직 완전히 짓밟지 않은 것만으로도 기적이나 다름없다. 보고 탐색하는 즐거움을 강제성과 의무감으로 고쳐시킬 수 있다는 생각은 대단히 큰 실수다"라고 꼬집었다.

이는 비단 학교만의 문제가 아니다. 삶의 모든 단계에서 만나는 또래집단은 평준화를 지향한다. 순응이 중요한 가치를 지니며 높은 에너지는 순응에 대한 위협이자 두려움의 대상이 된다.

물론 이것이 사실일 때가 많다. 아무런 제재를 받지 않고 분출되는 에너지에는 어딘지 사람을 두렵게 하는 면이 있다. 가령 사이코패스는 사회적 제약을 내면화하지 못한 사람이다. 색다른 매력과 설득력을 발휘할 때도 있지만, 양심과 자책감이 부재하기에 순간의 이기적인 목적을 위해 초인간적인 에너지를 발휘한다. 이런 어두운 에너지는 우리를 경악하게 만드는 동시에 사로잡는다. 검은 모자를 눌러쓴 악당과 범죄자들에게 묘하게 매력을 느끼는 경우가 많은데 이들이 우리 내면에 존재하는지도 몰랐던 뭔가를 노골적으로 드러내기 때문이다.

뉴스에 등장하는 수많은 범죄자, 예를 들면 탐욕스러운 설교자, 가짜 전문가, 금융인의 탈을 쓴 사기꾼, 마약 밀매업자나 무기 거래업자들을 보면 하나같이 양심은 없고 격렬한 열정만 있다. 의욕이 지나치게 넘치는 열정적인 사람들에게 경계심을 보일 만한 충분한 이유다. 그렇게 보면 사회가 우리를 '사회화'하려는 것도, 우리의 에너지를 짓누르려는 것도 당연한 일이다.

지금껏 부정적인 측면을 이야기했지만 에너지를 자기 자신과 사람들을 위해 활용하는 법을 아는 사려 깊고 책임감 있는 사람들도 많다. 이들이 발휘하는 에너지는 사실 누구에게나 있는 것이다. 이 광대한 자원의 10퍼센트만 활용할 수 있다면 우리의 삶이 상당히 달라질 것이다. 지금부터 그 방법을 소개하고자 한다.

1. 신체적 건강을 유지하라

온종일 앉아서 서류 작업만 하는데도 건강한 몸을 유지

하는 사람들이 있다. 또 갑자기 운동해야 한다는 강력한 충동이 일어도 그저 자리에 누워 충동이 사라질 때까지 기다리면 된다고 주장하는 에너지 좀비도 있다.

모든 조건이 같다면 신체적 건강은 삶의 모든 측면에서 굉장한 에너지를 제공한다. 또한 모든 조건이 같다면 자연과 자신의 몸이 내보내는 신호에 귀를 기울이는 사람, 자기 자신을 사랑하는 사람이 몸을 많이 움직이지 않고 건강하지 않은 생활을 하는 사람보다 지구와 인류를 위해 에너지를 쓸 확률이 높다.

2. 긍정적인 시각을 가지라

긍정적 사고의 힘은 노먼 빈센트 필Norman Vincent Peale 목사의 저서부터 스키너 심리학, 최신 경영진 트레이닝 프로그램까지 점령하고 있다. 낙관주의는 자칭 '강인한 정신을 지녔다'고 말하는 저널리스트와 평론자들에게 주기적으로 비난을 받지만, 삶에 대한 긍정적인 시각을 유지하는 사람들이 부정적인 이들에 비해 질병에 시달릴 확률이 현저히 낮다는 건 이미 수많은 연구에서 드러난 결과다.

또한 이들은 에너지도 더욱 많다. 《초우량 기업의 조건In Search of Excellence》의 저자이자 미국 최고의 경영 컨설턴트인 톰 피터스Tom Peters는 미국에서 가장 성공한 기업의 경영자는 "소름 끼칠 정도로 비슷한 화법을 쓴다"고 밝혔다. 이들은 긍정적인 태도의 가치와 칭찬 및 여러 형태의 긍정적인 피드백에 대한 효과를 중요시한다.

피터스는 내게 이렇게 말했다. "가장 성공한 경영자는 부정적인 것들을 용인하지 않는 사람입니다." 그가 인용한 연구 결과에 따르면 성공한 사람들은 '어린 시절부터 호들갑스러울 정도로, 당황스러울 정도로 칭찬을 많이 받았다. 칭찬은 아무리 해도 지나치지 않다고 여긴다.'

그렇다면 지나치게 긍정적일 수도 있을까? 부정적인 문제의 존재를 부인한다면, 개인의 삶과 세상에서 바로잡아야 할 문제를 모른 척한다면 가능한 이야기다. 몇몇 서양 종교와 유사 종교는 물론 동양 철학에서 말하는 바가 바로 이것이다. 고통스러운 현실이 허상에 불과하다는 주장은 신도들에게 위안을 주지만 이 때문에 현실을 부정하고 세상의 부조리에 무관심해지는 경우가 많다. 보통 현실을 부인하는 태도는 에너지를 억누르지만 진실을 인정하는 태도는 에너지를 발산한다.

살면서 예상치 못한 치명타를 입더라도 제대로 강타당하면 오히려 무기력에서 벗어나는 계기가 되어 에너지를 얻는 기회가 될 수 있다. 하지만 어디까지나 이 치명타를 현실로 인정할 때만 가능한 일이다. 부정적인 일을 받아들인다는 건 불평하는 것과는 다르다. 현실을 마주하고 앞으로 나아가는 것이다. 자신의 삶에 어떤 문제가 있는지 좋은 친구에게 그저 털어놓는 것만으로도 기분이 나아지고 힘을 얻는 것처럼 말이다.

부정적인 면을 받아들이고 나면 자신의 가장 좋은 면에 온전히 집중할 수 있게 된다. 타인의 부정적인 점을 지나치게 비판하는 교사나 상사는 피해야 한다. 타인의 좋은 점은 무시한 채 잘못된 점만 꼬집는 사람들은 에너지를 앗아간다. 누군가를 가르치거나 관리하거나 조언하는 입장이 된다면 다음과 같이 하는 것이 좋다. "당신이 지금 하는 건 참좋은 방향이야. 그런데 이렇게도 해보면 그 부분을 좀 더 개선할 수 있을 것 같아."

3. 진실을 말하라

"조직원들이 서로 진실을 말하는 것만큼 기업에 활력을 북돋우는 것은 없다." 1960년대 진실을 나누는 인카운터 그룹(관계 개선을 위한 훈련집단―옮긴이)의 개념을 대중화했고 후에 기업 컨설턴트로 활동했던 윌 슈츠Will Schutz 박사는 이렇게 설명했다.

"기업 경영진과 훈련 세션을 마친 뒤 가장 먼저 나타난 변화는 전보다 미팅 시간이 짧아졌다는 것이다. 1시간 30분 걸렸던 미팅이 20분으로 단축된 기업도 있었다. 이제는 하고 싶은 말만 하고, 뭔가를 감추려고 시간과 에너지를 낭비하는 일이 없어졌다고 말하는 이도 있었다. 거짓말과 비밀은 조직에 독이나 다름없다. 조직원들의 에너지가 거짓말을 하거나 누구에게 무엇을 말해선 안 되는지 계산하는 데 낭비되고 있다. 사람들이 진실을 말하기 시작할 때 그 즉시 실수가 줄어들고 생산성이 높아지는 현상을 경험할 것이다."

타인을 모욕하거나 자기 생각만을 주장하지 않고 솔직하게 자신의 감정을 설명할 때 진실을 말하는 힘이 제대로 발휘된다. 진실을 말하는 것에는 장점이 많다. 위험, 도전, 흥분 그리고 이 모든 것이 작용해 에너지가 발산된다.

4. 자기 안의 어두운 면을 인정하라

칼 융이 '그림자'라고 부른 우리의 성격 깊은 곳에 얼마나 많은 에너지가 갇혀 있는지는 아무도 모른다. 시인이자 작가인 로버트 블라이Robert Bly 는 《인간의 그림자에 대한 작은 책 A Little Book on the Human Shadow》에서 융의 개념을 현대식으로 해석했다. 그에 따르면 어린아이는 사방으로 힘차게 튕겨 나가는 공과 같다. 하지만 부모는 그 공의 특정 부분이 마음에 들지 않는다. 부모의 사랑을 받기 위해 아이는 부모가 싫어하는 면을 보이지 않는 가방에 숨겨 끌고 다닌다.

학교에 입학할 즈음이면 그 가방이 제법 두툼해진다. 교사들은 아이들에게 이렇게 말한다. '착한 아이는 사소한 일에 화를 내지 않는단다.' 아이는 분노도 그 가방 안에 넣어 둔다. 그렇게 스무 살이 되면 우리가 본래 갖고 있던 에너지는 극히 일부만 남는다.

하지만 우리가 숨겨놓은 에너지는 언제든 꺼내 쓸 수 있다. 성격의 숨겨진 부분을 드러낸다는 게 제멋대로 한다거나 말 그대로 묻혀 있는 걸 모두 꺼낸다는 말이 아니다. 예를 들면 분노는 굉장한 에너지를 갖고 있다. 이 감정을 너무나 잘 억누른 나머지 분노란 감정조차도 느끼지 못한다면 의식적으로, 건설적으로 그 감정 안에 담긴 에너지를 사용할 수 없다. 하지만 그렇다고 해서 분노를 가방에서 꺼내 마음껏 풀어놓는다면, 그래서 자동으로 나오는 반응이 된다면 분노의 힘을 낭비하는 것이나 다름없다.

때로는 화를 내는 것이 옳은 순간도 있지만 뜨거운 분노의 에너지와 격렬한 노여움마저도 긍정적으로 활용할 수 있다. 다시 말해 분노가 차오르기 시작할 때 가장 좋아하는 일을 열정적으로 하거나 분노 이면에 자리한 에너지를 변화시켜 마스터리의 연료로 활용할 수 있다는 뜻이다.

우리가 가진 많은 힘을 보이지 않는 가방에 넣어야 한다고 강요받지 않는다면 훨씬 활기찬 세상이 될 것이다. 우리가 존경해 마지않는 에너지 넘치는 이들은 사실 어두운 영역으로 지부되었던 격렬한 에너지의 원전을 어떻게 활용해야 하는지 안다는 점에 주목하라.

5. 자신에게 중요한 우선순위를 세워라

당신 안에 내재된 에너지를 사용하기 전에 먼저 그 에너지를 어디에 쓸 것인지 결정해야 한다. 그런데 선택을 위해 한 가지 끔찍한 사실을 마주해야 한다. 바로 하나를 택하면 다른 것들은 포기해야 한다는 점이다. 하나의 목표를 선택한다는 건 다른 수많은 목표를 포기한다는 것이다.

내가 아는 한 친구는 스물아홉 살임에도 여전히 삶의 목표와 의미를 찾고 있다.

"우리 세대는 인생에서 다양한 선택지를 열어두어야 한다는 가르침을 받고 자랐어요. 하지만 그런 식으로는 아무것도 할 수가 없어요."

바로 이것이 문제다. 하나의 선택지, 하나의 목표가 다른 수많은 가능성을 감히 상쇄할 수 있을까?

이 복잡한 방정식은 인생의 목표부터 앞으로 10분 동안 무엇을 할 것인지까지 어느 곳에서나 적용된다. 엉망인 옷장을 정리할 것인가, 새 책을 읽을 것인가, 편지부터 쓸 것인가? 풍요로운 현대 사회의 소비지향적 삶의 방식은 우리의 선택지를 넓힌다. 때론 다양한 미디어 콘텐츠들이 선택을 더욱 복잡하게 만들기도 한다. 끝없는 가능성을 제공해 오히려 아무것도 선택하지 못하도록 만들고, 멍하니 앉아 화면만 들여다보며 끝없이 고민만 하게 만든다. 결국에는 아무런 생각도 못 하는 혼수상태가 된다. 그렇게 망설이며 아무런 행동도 하지 못하다 보면 에너지가 점점 떨어지고 우울감과 절망감을 느끼게 된다.

결국 한계를 수용할 때 진정으로 해방될 수 있다. 모든 것을 전부 다 할 수는 없지만 한 가지 일은 할 수 있다. 그리고 하나를 마친 뒤 다른 하나를, 또 다른 하나를 해낼 수 있다. 에너지의 관점에서는 아무것도 선택하지 않는 것보다 잘못된 결정을 내리는 편이 낫다.

하루, 한 주, 한 달, 평생을 기준으로 자신의 우선순위를 적어보는 것부터 시작해보자. 차분히 앉아 오늘 또는 내일 하고 싶은 일들을 모두 적는다. 그런 다음 A, B, C로 분류해 우선순위를 정한다. 최소한 A에 속한 것은 모두 완수하도록 노력한다.

장기적 목표도 같은 방식으로 접근한다. 우선순위는 변하기 때문에 언제든 순서를 바꿀 수 있지만 일단 이것들을 계획으로 적는 것만으로도 삶이 명료해진다. 이런 명료함이 에너지를 만들어낸다는 점을 잊지 않도록 하자.

6. 주변에 자신의 결심을 알려라

마스터를 향한 여정은 결국 아무런 목표가 없는 것과 같다. 여정을 위한 여정이다. 하지만 그 여정 안에 임시적인 목표는 있다. 마스터의 여정에 오르겠다는 것이 바로 그 첫 번째 목표다. 여정의 중간중간에 자리한 확고하고도 엄격한 데드라인만큼 순간적으로 활기를 돋우는 일도 없다. 공연 시작일, 사업 거래 종료일, 기사나 원고 마감일을 경험해본 사람이라면 잘 알 것이다.

우리 합기도장에서는 1년에 네 차례, 자격을 갖춘 수련생들에게 승단 시험을 신청하라는 공고를 게시판에 게재한다. 게시물을 확인하는 즉시 신청하는 수련생들도 있지만 어떤 이들은 심사를 며칠 앞둔 날까지도 망설인다. 게시판에 자신의 이름을 적는 단순한 행동만으로도 수련에 임하는 수련생들의 명료함과 에너지가 커지는 걸 지켜보며 많이 배웠다. 나중에 신청한 수련생들은 뭔가를 결심할 때 분출되는 에너지를 마음껏 누릴 시간이 부족해서 고생한다.

외부의 강제로 목표를 지켜야 하는 데드라인이란 축복을 항상 누릴 수 있는 것은 아니다. 가끔은 스스로 데드라인을 설정해야 한다. 하지만 진지하게 임해야 한다. 직접 데드라인을 만드는 방법 중 하나는 공식적으로 널리 알리는 것이다. 우선 가까운 사람들에게 결심을 말해보자. 데드라인이 확고할수록 깨기가 어렵고 더 많은 에너지를 낼 수 있다.

그렇게 당장 실행하고 계속 나아가야 한다. 하지만 아무런 준비 없이 무작정 덤벼서는 안 된다. 시간을 들여 현명하게 계획을 세우되, 너무 오랜 시간을 들여서는 안 된다. 괴테는 이렇게 적었다. "무슨 일이든 당신이 할 수 있는 것, 당신이 꿈꿀 수 있는 것은 지금 당장 시작하라. 대담함에는 천재성과 힘, 마법이 숨겨져 있다."

7. 마스터의 여정에 올라 계속 나아가라

상기석으로 볼 때 마스터의 여정만큼 인생에 에너지가 넘치는 일도 없다. 규칙적인 훈련은 에너지를 이끌어낼 뿐 아니라 길들인다. 이 훈련이라는 단단한 기반이 없다면 데드라인은 정신없는 몰입과 허탈감이라는 극단적인 상황만 만들 뿐이다. 마스터의 여정을 통해 우리는 상황을 균형 잡힌 시각으로 보고, 기쁜 순간뿐 아니라 힘든 순간에도 에너지의 흐름을 일정하게 유지하는 법을 배울 수 있다.

또한 에너지란 비축할 수 없는 개념이라는 것도 깨닫는다. 에너지는 사용하지 않고 쌓아둘 수 있는 게 아니다. 물론 충분한 휴식도 여정의 일부지만 긍정적인 행동이 동반되지 않는 휴식은 그저 우울한 시간일 뿐이다.

사회의 우울과 불만, 범죄와 전쟁 같은 병폐의 원인은 우리 안에 사용되지 못한 에너지, 깨우지 못한 잠재력 때문인지도 모른다. 자기 안의 에너지를 깨워 충분히 사용하는 사람은 각성하기 위해, 살아 있음을 느끼기 위해 약에 손을 대거나 범죄를 저지르거나 전쟁을 일으키지 않는다. 세상에는 모든 사람이 할 수 있을 만큼 건설적이고도 창조적인 일이 무한히 있다. 누구나 지금 당장 자신의 에너지를 높일 수 있다.

무슨 일이든
당신이 할 수 있는 것,
당신이 꿈꿀 수 있는 것은
지금 당장 시작하라.

12장

마스터로 가는 길에서 만나는 13가지 함정

사실 마스터의 여정을 시작하는 것은 쉽다. 진짜 시험은 여정을 계속 이어갈 때 시작된다. 헌신적인 여행자는 여정 중에 보상뿐 아니라 함정도 만날 것이다. 모든 위험을 피할 수는 없겠지만 위험이 존재한다는 걸 알기만 해도 도움이 된다. 다음은 마스터의 여정 중에 맞닥뜨릴 13가지 함정으로, 잘 기억해두었다가 어려움에 부딪혔을 때 유연하게 대처하도록 하자.

1. 기존의 삶과 충돌한다

마스터리는 외부와 단절된 상태에서 시작하는 것이 아니다. 수많은 의무와 기쁨, 관계 속에서 나아가는 여정이다. 그 길이 개인의 경력이나 생계 수단과 일치한다면 운이 좋은 경우다. 그렇지 않다면 근무 시간 외에 시간과 공간을 따로 마련해야 한다.

여기서 중요한 것은 현실적으로 접근해야 한다는 점이다. 직업과 마스터리 사이의 균형을 정말로 유지할 수 있는가? 아니라 해도 절망할 필요는 없다. 누구에게나 아직 사용하지 않은 상당한 에너지가 있기 때문이다(11장을 참고하라). 시간에 대해 말하자면 사람들이 하루 동안 TV 시청에 낭비하는 시간을 활용할 수 있다.

가족과 친구들 문제도 생길 수 있다. 이들은 당신이 하는 일을 응원하는가? 특히 배우자가 지지하는가? 심리학자 내서니얼 브랜던Nathaniel Brandon은 내담자들에게 이렇게 말한다. "당신이 신나 하는 일에 공감해주지 않는 사람과는 절대로 결혼하지 마세요."

마스터를 향해 나아가는 길에서 뭔가 뜻대로 되지 않을

때 삶의 다른 부분을 살펴보는 것도 잊지 말아야 한다. 삶의 다른 측면에서 마스터리의 원칙을 적용할 가능성이 있는지 고려해야 한다.

2. 목표에 집착한다

빠르고 확실하고 눈에 보이는 결과에 대한 현대인의 갈망은 아마도 마스터리의 가장 위험한 적일 것이다. 야심 찬 목표를 세우는 것은 좋지만 그 목표를 이루는 가장 좋은 방법은 목표를 향해 내딛는 걸음걸음마다 기대감을 내려놓는 것이다.

산을 오를 때는 정상이 앞에 있다는 것을 자각하되 계속 위를 올려다보지 말아야 한다. 자신이 가는 길에 시선을 두어야 한다. 그리고 정상에 오른 후에도 또다시 계속해서 올라가야 한다.

3. 나쁜 스승을 만난다

좋은 스승이 얼마나 중요한 역할을 하는지, 나쁜 스승은 어떻게 구별할 수 있는지 이미 살펴봤다(5장을 참고하라). 앞서 언급한 내용을 반복하자면 스승에게 복종하되 스승이기에 복종하는 것이지 권위자에게 복종하듯이 해선 안 된다. 또한 스승을 자주 바꿔서도 안 되지만 자신에게 효과가 없는데 관성에 젖어 머무르는 것도 피해야 한다. 좋은 가르침을 받는 것에 대한 책임은 궁극적으로 스승이 아니라 당신에게 있음을 명심해야 한다.

4. 경쟁을 부정한다

경쟁은 스포츠뿐 아니라 삶에도 묘미를 더한다. 다만 이 묘미가 전부일 때는 고통이 찾아온다. 경쟁은 동기를 부여한다. 그리고 경쟁은 경기를 유지하는 힘이다. 누군가와 경쟁하기 위해서는 같은 트랙을 달리겠다는 동의가 이뤄져야 하기 때문이다. 경쟁을 힘들게 쌓은 기술을 날카롭게 벼르는 기회로 삼아야 한다. 이기고자 하는 의지로 마음을 다해 참여하지 않으면 그 시합의 가치를 떨어뜨리고 상대를 모욕하는 게 된다.

승리는 마스터리에서 중요한 요소이지만 유일한 요소는 아니다. 품위 있게 승리하고 패배하는 것이 마스터의 태도다.

5. 경쟁에 몰두한다

마스터가 되려고 하는 사람이 승리에만 집착하면 결국에는 패배할 수밖에 없다. '이기는 것은 전부가 아니라 유일한 것이다'라는 말은 거짓말이다. 승리가 유일한 것이라면 연습, 수련, 훈련, 성격은 아무것도 아닌 게 된다.

승리는 습관이라고 하지만 이는 실패도 마찬가지다. 과도한 경쟁을 조장하는 '1등'의 기준은 승리자보다 패배자를 훨씬 많이 만들어낸다. 상대 학교를 이기는 게 전부이며 승리하기만 한다면 어떻게 경기하든 상관없다고 가르치는 청소년부 코치들 때문에 훗날 올림픽 메달리스트가 될 수많은 선수들이 운동을 그만두곤 한다.

6. 게으름을 피운다

게으름은 정신의학적 관점에서 저항이나 의존성으로 해석될 수 있지만 여기서는 단어의 의미 그대로 접근하는 편이 나을 것 같다. 게으름은 '어떤 행동이나 노력을 꺼리는 태도, 일하기를 싫어하는 태도, 나태함'으로 정의할 수 있다. 나쁜 소식은 게으름이 마스터의 여정을 가로막는다는 것이

목표를 향해 내딛는

걸음걸음마다

기대감을 내려놓아라.

다. 좋은 소식은 마스터의 여정이 게으름을 이기는 가장 강력한 치료제라는 것이다. 용기를 내도록 하자.

7. 부상을 당한다

마스터가 되고자 하는 일이 스포츠 같은 신체적 활동과 관련되었다면 대개는 몇 번의 부상을 당할 것이다. 사소한 부상이야 일상적인 일이다. 하지만 부상이 심각해서 중도에 그만두어야 하는 일도 생긴다. 몸싸움이 거친 종목이 아니라면 심각한 부상은 충분히 피할 수 있다. 보통은 목표에 지나치게 집착해서, 너무 자만해서, 현재 자신의 몸 상태에 무지해서 다친다.

목표를 달성하는 최고의 방법은 바로 현재에 온전히 집중하는 것이다. 이전의 한계를 뛰어넘기 위해서는 몸이 보내는 메시지를 무시하거나 모른 척하는 게 아니라 몸과 일종의 협상을 해야 한다. 그리고 몸과 협상하려면 자신의 상황을 잘 인식해야 한다. 심각한 부상을 피하는 건 조심성보다는 자각의 문제다. 이는 신체적 부상뿐 아니라 정신적·정서적 아픔에도 해당하는 이야기다.

8. 약물의 유혹에 빠진다

약물은 미국 문화가 남발하는 즉각적인 성공에 대한 환상을 불러일으킨다. 지름길을 원하는 여행자는 정체기 없이 곧장 절정의 순간에 오르기 위해 약물을 복용한다. 처음에는 효과가 있는 것처럼 느껴지지만 자주 사용하면 엄청난 불행을 맞이하게 된다. 약물을 복용한다면 결코 마스터의 여정에 올랐다고 할 수 없다.

9. 보상에 의존한다

물질적 보상 같은 외부적 동기에 지나치게 의존하면 마스터의 여정이 지체될 뿐 아니라 심지어 중단될 수도 있다.

한 예로 초등학생에게 황금색 별 스티커로 보상하면 처음에는 학습 속도가 빨라지지만, 얼마 지나지 않아 더 많은 스티커를 주어도 학습이 정체된다는 사실이 여러 연구를 통해 밝혀졌다. 별 스티커를 받다가 받지 못한 학생들은 처음부터 별을 받지 않은 비교집단에 비해 학습 발전의 폭이 더욱 낮은 수준으로 떨어졌다.

달리기 속도에 따른 생리적 한계를 분석한 한 보고에 따르면 달리기 대회에서 우승한 챔피언 선수들의 기록 향상을 저해하는 주요 원인이 기록 갱신과 메달 획득인 것으로 드러났다.

헨리 라이더Henry W. Ryder와 해리 제이 카Harry Jay Carr, 폴 허겟Paul Herget은 〈사이언티픽 아메리칸Scientific American〉 1976년 6월호에서 이렇게 말했다. "챔피언들은 특정 속도를 달성했을 때가 아니라 기록을 세웠을 때 성장을 멈췄다. 새로운 챔피언들도 마찬가지였다. 비교적 짧은 선수 생활을 하며 과거 위대한 러너들이 이룬 업적을 달성한 후에는 이전 챔피언들처럼 성장을 멈췄다. 선수들을 막은 것은 속도가 아닌 메달이므로 이들이 달성한 속도가 생리학적인 한계치라고 볼 수는 없다."

궁극적인 보상이 금메달이 아닌 여정 그 자체라는 사실을 깨닫기 전에는 이 여정이 어디까지 펼쳐질지, 인간이 진정으로 무엇까지 이룰 수 있을지 결코 알 수 없을 것이다.

10. 허영심을 버리지 못한다

마스터의 여정에 오른 이유 중 하나가 남들에게 멋있어 보

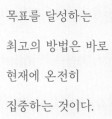

목표를 달성하는

최고의 방법은 바로

현재에 온전히

집중하는 것이다.

이고 싶다는 마음 때문일 수도 있다. 하지만 의미 있는 뭔가를 배우기 위해서는 바보처럼 보일 준비가 되어 있어야 한다. 수년간 꾸준히 연습해도 여전히 황당한 실수를 저지를 수 있기 때문이다. MVP 후보로 오른 선수들마저도 수백만 명이 지켜보는 앞에서 공의 방향을 잘못 판단해 엎어지기도 한다. 당신도 스승과 친구들 또는 같이 배우는 동료들 앞에서 민망한 실수를 저지를 각오가 되어야 한다. 늘 체면을 의식한다면 효과적인 배움과 최고의 수행에 절대로 집중할 수 없다.

11. 지나치게 진지하다

만일 웃음이 없다면 여정 중에 만날 거칠고 험난한 길을 견디기가 너무 고통스러울 것이다. 유머는 우리의 짐을 가볍게 해줄 뿐 아니라 시야도 넓혀준다. 지나치게 진지한 태도는 좁은 사고에 갇히는 것이다. 힘들고 어려운 상황에서도 웃어넘길 줄 알아야 모든 것을 명확하게 볼 수 있다. 여정에 함께할 동료 여행자를 선택할 때는 암울한 사람, 거만한 사람, 근엄한 사람을 피해야 한다.

12. 일관성이 없다

연습을 꾸준히 하는 것은 마스터의 본질이다. 가능한 한 연습 시간과 장소를 그대로 유지할 때 여정을 계속할 의지가 생기고 리듬이 만들어진다. 이를 위해 연습의 전과 후 또는 과정 중에 자신이 가장 좋아하는 의식을 반복적으로 행하는 것도 좋다.

몰입 flow이라 불리는 행복한 집중 상태를 연구해온 심리학자 미하이 칙센트미하이 Mihaly Csikszentmihalyi에 따르면 몇몇 외과 의사들은 수술 전에 항상 똑같은 방식으로 손을 씻고 수술 가운을 입으며 마음에서 다른 생각을 지우고 눈앞의 과제에 온전히 집중한다고 한다. 몰입을 위한 루틴인 것이다.

일관성이 없으면 연습 시간이 사라질 뿐 아니라 애써 시간을 내도 모든 것이 어렵고 힘들어진다. 하지만 몇 번 지키지 못했다고 연습을 그만두어서도 안 된다. 마스터의 여정을 이어가는 동안 수많은 우여곡절을 마주할 것이기에 전략과 실행에서 어느 정도 융통성이 필요하다. 일관성은 필요하지만 랄프 왈도 에머슨 Ralph Waldo Emerson의 말처럼 '미련한 일관성은 편협한 사람들이 갇힌 허상'이다.

13. 완벽주의를 고수한다

가끔은 기술의 발달로 수많은 거장의 작품을 집에서 손쉽게 즐길 수 있는 현실이 안타까울 때가 있다. 클래식 음악 전문 방송에서는 '24시간 내내 세계 최정상급의 오케스트라 연주'를 즐길 수 있다고 홍보한다. 이들은 꼼꼼한 리허설을 거쳤을 뿐 아니라 몇 번이나 녹음 과정을 반복한 후 가장 잘 나온 부분을 편집해 붙이고 전자 장비의 힘을 빌려 말끔하게 손본 연주를 틀어준다.

고흐, 드가, 고갱, 마네 등 대가의 작품이 순회 전시회를 통해 지역 미술관에 걸리고, 텔레비전을 틀면 세계 최고의 운동선수, 댄서, 가수, 배우, 코미디언, 전문가들의 활약을 언제든지 볼 수 있다.

이런 대가들을 보면 우리가 감히 마스터리를 시작하겠다고 이야기할 수 있을지 의구심이 든다. 또한 별 이유 없이 자기비판에 사로잡힌 사람들도 있다. 자신을 세계에서 가장 위대한 사람들과 비교하지는 않지만 누구도 감히 충족할 수 없는 높은 기준을 자신에게 들이미는 것이다. 이것만큼 창의성을 파괴하는 것도 없다.

마스터리란 완벽함에서 비롯되는 것이 아니다. 마스터리는 과정이자 여정이다. 그 여정을 매일같이 꾸준히 지속하는 사람이 바로 마스터다. 평생에 걸쳐 시도하고 실패하고 또다시 시도하는 사람이다.

13장

일상에서 마스터리를
활용하는 법

목표와 결과, 일시적인 해결책에 집착하다 보면 정작 중요한 삶을 잃어버린다. 좀 더 쉽게 말하면 이런 집착이 우리의 인생 대부분을 앗아간다. 우리의 매일이 어떻게 흘러가는지 살펴보자. 아침에 일어나 정신없이 옷을 챙겨 입는다(옷을 입는 과정은 아무런 의미가 없다). 출근 시간에 맞추기 위해 급히 아침을 먹는다(아침을 먹는 건 아무런 의미가 없다). 서둘러 출근한다(출근길은 아무런 의미가 없다).

어쩌면 일이 무척이나 흥미롭고 만족스러워서 오전 내내

점심시간만을 기다리며 버티지는 않을 수도 있다. 아니면 흥미로운 대화가 오가는, 따뜻하고도 친밀한 점심시간을 누릴 수도 있다. 하지만 물론 이렇지 않을 수도 있다.

어떻게든 피할 수 없는 일들이 있다. 청소, 정리 정돈, 낙엽 쓸기, 식료품 구매하기, 아이들을 이곳저곳에 데려다주기, 식사 준비, 설거지, 세차, 통근, 일상적인 일 처리하기, 업무에서 반복적으로 해야 하는 단순 작업 등이다. 정말 중요한 일을 하기 전에 '틈새 시간'을 내서 처리해야 하는 일들이다. 하지만 가만히 생각해보면 우리의 삶 대부분이 이 틈새 시간에 자리하고 있는 것과 같다.

목표 지향적인 사고가 우리를 지배할 때는 인생에서 정말 의미 있는 건 몇 없는 듯 느껴진다. 미식축구 정규 시즌에서 실제로 선수들이 경기를 뛰는 시간은 16시간밖에 안 된다. 그렇다고 선수들에게 나머지 8,744시간은 틈새 시간인 걸까? 시간은 오로지 성과와 결과를 통해서만 그 의미를 갖는 걸까? 사람들 말처럼 승리가 유일한 것이라면 그곳에 이르기까지 조금씩 쌓인 시간은 그저 승리를 통해서만 그 가치를 인정받는 것일까?

이를 다르게 접근해보자. 선 수행은 언뜻 가만히 앉아 명상과 독경을 하는 시간이 다인 것처럼 보인다. 하지만 선 지도자들은 돌담을 쌓는 것도, 설거지를 하는 것도 정식 명상과 다를 게 없다고 말한다. 수련생들에게는 자리에 앉아 명상하는 것만큼이나 마당에서 비질하는 것도 수행이 될 수 있다. 이 사고방식을 좀 더 보편적인 상황에 접목해볼 수 있지 않을까? 특별한 사건과 마찬가지로 일상 속 모든 일을 마스터리의 일부로 받아들인다면 잃어버린 시간을 되찾을 수 있을까?

운전으로 고난도의 기술 마스터하기

운전을 예로 들어보자. 친구의 집까지 약 17킬로미터를 운전해야 한다고 해보자. 그곳까지 운전해 가는 시간을 그저 해치워야 하는 무의미한 일로 여길 수도 있지만, 마스터리를 연습할 기회로 활용할 수도 있다. 하루 중 어느 때인지 시간을 의식하고, 기온과 바람의 속도와 방향, 태양의 고도, 비나 눈, 진눈깨비 등을 온전히 인식하며 차까지 걸어가는 것이다. 이렇게 순간을 인식하며 정신적·육체적·정서적 상태를 확장한다. 그러고는 잠시 차를 빙 둘러보며 차의 상태, 특히 타이어의 상태를 점검한다. 시야가 잘 확보되도록 앞유리와 창문이 깨끗한지 확인한다. 시간이 허락한다면 엔진오일 및 각종 오일류의 양을 점검한다.

차 문을 열고 운전석에 앉은 후 늘 하는 일들을 한다. 벨트를 매고, 좌석과 백미러의 위치를 조정하고, 브레이크 페달 압력과 운전대도 확인한다. 시동을 걸기 전에 잠시 몸의 긴장을 풀고 심호흡을 한다. 목과 어깨, 복부의 긴장을 풀어준다. 그런 다음 의자 깊숙이 몸이 빨려 들어가는 느낌이 들 정도로 등을 등받이에 밀착시킨다. 좌석으로 전달되는 엉덩이와 두 다리의 무게감도 인식한다. 좌석과 당신의 몸이 하나가 되는, 나아가 차와 당신이 하나가 되는 걸 느껴본다.

시동을 건 후 차가 내는 소리와 진동에 주의를 기울인다. 계기판을 확인하고 기름이 충분한지도 살핀다. 최근 차에서 어떤 이상을 감지하지는 않았는지 생각해보고, 만약 있다면 이번 여행에 어떤 영향을 끼칠지 가늠해본다. 운전을 시작하면서는 앞은 물론 좌우, 뒤까지 차 주변의 모든 공간은 자신의 책임 아래 있으며, 다른 차량이 어떻게 운전하든 사고가 나지 않도록 노력하겠다는 다짐을 마음속으로 한다.

이런 자동차 여행은 마스터리를 연습할 좋은 기회다. 우리는 운전이 너무도 일상적이라는 이유로 그저 한 가지 기술쯤으로만 여긴다. 사실 날씨와 교통 상황, 도로의 상태에 따라 자동차를 조작하는 것은 굉장히 높은 수준의 통찰력과 집중력, 조정력, 판단력이 필요한 일이다.

1960년대 UCLA의 뇌 연구진은 우주 비행사 후보자들을 대상으로 달 착륙 모의훈련을 할 때와 로스앤젤레스의 고속도로를 운전할 때의 뇌파 활동을 측정했다. 실험 결과 고속도로에서 운전할 때 두뇌 활동이 더 활발해지는 것으로 나타났다.

운전을 하는 사람이라면 누구나 몇 가지 정교한 기술을 익혀야 한다. 활동 반경 내에 있는 모든 자동차의 움직임을 예상하고, 적당한 속도로 커브 구간에 진입하며, 커브를 돌 때는 살짝 속도를 높이고, 앞 차에 너무 바짝 붙어 가다가 급브레이크를 밟기보다는 흐름을 유지하며 브레이크를 부드럽게 밟고, 기어 레버와 클러치를 동시에 능숙하게 조작하고, 차량 운행이 많은 고속도로에서 다른 차에 방해가 되지 않도록 차선을 변경하며, 예상치 못한 상황도 적절하게 대처해야 한다.

운전은 길게 이어지는 루틴과 순간적으로 찾아오는 도전 사이의 섬세한 균형이 필요하며 동시에 언제든지 찾아올 수 있는 죽음과 부상의 가능성을 고려해야 하는 고도의 기술이다. 수많은 상황을 고려해야 하기에 마스터리가 더욱 중요한 기술이다. 하지만 이보다 훨씬 하찮은 일에도 마스터리의 원칙을 적용한다면 많은 것이 달라질 수 있다.

리듬을 따라 자연스럽게 이어가는 집안일

수많은 집안일이 있지만 그중에서도 설거지를 살펴보자. 가능한 한 빨리 끝내겠다는 생각에 대충 급하게 해치우려고 할 수도 있다. 하지만 마치 명상을 하듯, 춤을 추듯 접근할 수도 있다. 후자의 경우라면 설거지를 시작하기 전 우선 마음을 가라앉혀야 한다.

잠시 균형을 잡고 중심을 찾는다(14장을 참고하라). 그리고 대략적인 순서를 정한 뒤 시작한다. 설거지를 하는 자신의 움직임 하나하나를 온전히 인식한다. 두 손을 가장 많이 쓰는 일이지만 다른 신체 부위, 특히 다리와 복부, 어깨, 등의 움직임과 자극을 의식한다. 모든 움직임이 몸의 중심에서, 배꼽 몇 센티미터 아래의 단전에서 시작된다고 상상한다. 몸놀림은 성급하게 빨리 해치우려는 듯한 움직임이 아니라 효율성, 품격, 우아함이 담겨 있어야 한다.

설거지를 얼른 마치고 다른 일을 해야겠다는 생각 말고 그 순간 하는 일에 온전히 몰입한다. 무엇보다 서두르면 안 된다. 서두르지 않아도 평소보다 설거지를 빨리 마칠 수 있음을 깨달을 것이다. 그리고 모두 마친 뒤에는 기분이 한결 좋아질 것이다.

이렇듯 삶에는 느긋하면서도 꾸준하게 지속되는 마스터리의 리듬을 연습할 기회가 가득하다. 이 리듬은 성과보다는 과정에 초점이 맞춰져 있다. 그럼에도 지나치게 목표 지향적이고 속도를 중시할 때보다 더 짧은 시간 안에 양적·질적으로 훨씬 우수한 결과를 낸다.

이 리듬을 습관화하려면 훈련이 필요하다. 일상에서 마스터리의 리듬을 적용할 때 가장 혹독한 스승이 있다면 바로 유선 진공청소기라 할 수 있다. 뱀처럼 꼬인 호스와 길게 늘어진 전선은 집 안에 있는 온갖 물건에 걸리기 딱 좋게 생겼다. 청소기 몸체는 가구마다 부딪치고 걸려서 꼼짝도 하지 않는다. 청소를 한참 하다가도 전선이 짧아 계속 다른 콘센트에 플러그를 꽂아야 한다.

청소는 가계부를 정리하거나 논문의 각주를 정리하거나 골프 스윙의 자세를 교정하는 것 못지않게 성가신 일임은 맞지만, 마스터의 여정에 필요한 몇 가지 기술을 연마하는 훌륭한 기회이기도 하다. 조바심을 내며 빨리 해치우려 하지 않고 마음의 평정과 균형, 중심, 집중력을 유지하며 청소기로 집 전체를 청소할 수 있는 사람은 마스터리가 무엇인지 아는 사람이다.

인간관계에도 마스터리 질문을 적용하라

삶을 잘게 조각내려는 현대 사회의 온갖 노력에도 불구하고 개인의 삶은 모든 측면이 밀접하게 연결되어 있다. 길을 걷고, 아이들과 대화하고, 연인을 사랑하는 방식은 스키를 타고, 전문적인 공부를 하고, 일을 하는 방식과도 깊이 관련되어 있다. 가만히 생각해보면 테니스 실력을 높일 때는 몹시 집중하면서도 관계와 같은 일상적인 일들은 운에 맡겨 방치한다는 게 참으로 이상한 일이 아닐 수 없다.

사실 스포츠에서 마스터리를 달성하기 위해 노력해야 한다면 관계에서도 마스터리를 달성하기 위해 노력해야 한다. 아니, 훨씬 더 큰 노력을 성실히 기울여야 한다. 스포츠와 관계 모두 노력을 통해 나아지며 오랜 시간 지속되는 정체기가 있다. 그리고 삶의 의미 있는 부분에서 가장 중요한 배움과 발전은 정체기 속에서 탄생한다.

마스터리의 원칙은 어느 곳에서나 적용된다. 여기서는 마스터리의 다섯 가지 질문이 관계에 어떻게 적용될 수 있는지 살펴보자.

누구에게서 배울 것인가

커플 상담이나 관계 개선에 도움이 되는 책과 영상을 비웃는 사람도 있다. 물론 별 소득이 없는 상담도 있고, 몇몇 책 등에 나오는 말들을 보면 반감이 들 때도 있다. 하지만 인간관계, 특히 연인 관계는 당사자들도 모르는 새 근시안적인 시각에 갇히기 쉽다. 모든 문제를 둘이서만 해결하기는 어렵다.

스포츠든, 관계든, 다른 어떤 분야에서든 마스터의 여정을 걷고 있다면 카운슬러나 책, 따뜻하면서도 편견이 없는 친구에게서 도움을 구해야 한다. 다만 여러 대안을 살피고 신중하게 대상을 선택해 조언을 구해야 한다.

어떻게 연습할 것인가

운동선수는 일주일에 몇 회씩 집중 훈련을 받는다. 마찬가지로 관계 개선이 필요한 커플이라면 자녀, 친구, 일, 여가 외에도 단둘만을 위한 시간을 따로 내야 한다. 하지만 단순히 시간을 내는 것을 넘어 꾸준히 만나고 대화하며 일상의 끝없는 반복을 즐겁게 받아들일 줄도 알아야 한다.

무엇을 버려야 하는가

무술이든, 결혼 생활이든 자신이 선택한 대상에 복종하

는 능력은 마스터의 본질이다. 앞으로 어떻게 해야겠다는 계획 이전에 우선 낡은 행동 패턴을 과감하게 버릴 각오가 되어 있는가? 관계의 성장과 변화를 위해 오래된 갈등에서 한발 양보할 수 있는가?

균형을 잃지 않으면서도 자신의 자아를 내려놓는 법을 배워야 한다. 강한 사람일수록 자신을 더 많이 포기할 수 있다. 자신을 더 많이 포기할수록 더 강한 사람이 될 수 있다.

내가 바라는 모습은 무엇인가

긍정적인 태도를 가질 때 관계의 마스터리를 향해 크게 한발 내디딜 수 있다. 그뿐만 아니라 열린 태도와 상상력, 즉 다양한 선택지를 살피고 자신이 바라는 상태를 머릿속으로 그리면서 현재 마주한 문제나 장기적 목표에 집중해야 한다. 이런 지향성은 스포츠뿐 아니라 관계에도 적용될 수 있다.

왜 한계에 도전하는가

마스터리는 지속적인 연습과 수행이 기본이지만 또한 모

마스터리

험이 가득한 길이기도 하다. 관계의 마스터리를 시작한 커플은 무엇이든 경험할 준비가 되어 있고 함께 새로운 일을 시도한다. 관계에서 가장 큰 모험은 아마도 친밀한 행위가 될 것이다. 소심한 모습을 한 꺼풀씩 벗고, 그 순간에만 온전히 몰입하며 아무런 조건이나 보답 없이 자신의 모든 것을 드러내 보이려는 의지가 필요하다.

당신이 어떤 기술을 개발하든, 어떤 길을 걷기로 택하든 마스터리의 원칙을 지침으로 삼을 수 있다. 중국의 선사인 방거사龐居士(740~808)는 이런 말을 남겼다.

내 일상은 지극히 평범하고

나 스스로 차별 없이 즐긴다.

무엇도 취하지 않고 무엇도 버리지 않으며

법석을 떨 것도 부딪힐 것도 없다.

부와 명예를 누가 따지는가?

가장 가난한 것마저도 빛을 내는데.

내 신통과 묘용은 물을 긷고 땔감을 나르는 일이로다.

삶의 그 어떤 것도 평범한 것이 아니며, 그 무엇도 틈새 시간에 해치우는 일이 되어선 안 된다. 우리의 모든 행위와 모든 생각은 하나로 무한하게 이어져 있다. 마스터에 이르는 모든 길은 결국 하나로 만난다.

14장

여정을 떠나기 전
마지막 체크리스트

이미 충분히 지체되었다. 이제는 짐을 꾸려 여정에 오를 때다. 새롭고 낯선 분야에서 마스터리를 시작하는 것일 수도 있다. 어쩌면 지난 몇 달 또는 몇 년 동안 잠시발만 담갔던 일, 강박적으로 매달렸던 일, 정체기에 머물렀던 기술에서 마스터리에 이르고자 결심했을 수도 있다. 또는 최선을 다해 자신의 인생을 마스터리에 헌신하셨나는 결심을 했을 수도 있다.

이 중 어떤 경우에 속하든 당신을 위해 이 책의 핵심만 담은 체크리스트를 정리했다. 더불어 여정을 더욱 즐겁게 만들어주고, 길이 너무 가파르고 험난해서 여정을 지속하기가 어려운 순간에 유용하게 쓸 수 있는 몇 가지 이별 선물도 준비했다.

우선 체크리스트부터 살펴보자. 리스트에 있는 준비물을 가방에 빠짐없이 챙겨 넣고 여정 중에 언제든지 다시 꺼내 보기 바란다.

마스터가 되기 위한 다섯 가지 질문

☐ 첫 번째 질문: 누구에게서 배울 것인가   88쪽

☐ 두 번째 질문: 어떻게 연습할 것인가   112쪽

☐ 세 번째 질문: 무엇을 버려야 하는가   123쪽

☐ 네 번째 질문: 내가 바라는 모습은 무엇인가   134쪽

☐ 다섯 번째 질문: 한계 앞에서 피하는가, 맞서고 있는가   146쪽

과거의 악습으로 돌아가지 않는 법

☐ 항상성의 원리를 인식하라   166쪽

☐ 변화를 위해 저항과 일부 타협하라   167쪽

□ 지원 시스템을 마련하라   169쪽

□ 꾸준히 연습하라   170쪽

□ 평생 배움에 전념하라   171쪽

마스터리에 필요한 에너지를 얻는 법

□ 신체적 건강을 유지하라   179쪽

□ 긍정적인 시각을 가지라   180쪽

□ 진실을 말하라   183쪽

□ 자신 안의 어두운 면을 인정하라   184쪽

□ 자신에게 중요한 우선순위를 세워라   186쪽

□ 주변에 자신의 결심을 알려라   188쪽

□ 마스터의 여정에 올라 계속 나아가라   189쪽

마스터리에 숨은 13가지 함정

□ 기존의 삶과 충돌한다   193쪽

□ 목표에 집착한다   194쪽

□ 나쁜 스승을 만난다   194쪽

□ 경쟁을 부정한다   195쪽

이제 짐을 꾸려

새롭고 낯선 분야에서

마스터의 여정에

오를 때다.

□ 경쟁에 몰두한다 196쪽

□ 게으름을 피운다 196쪽

□ 부상을 당한다 198쪽

□ 약물의 유혹에 빠진다 199쪽

□ 보상에 의존한다 199쪽

□ 허영심을 버리지 못한다 200쪽

□ 지나치게 진지하다 202쪽

□ 일관성이 없다 203쪽

□ 완벽주의를 고수한다 204쪽

체크리스트를 잊지 않고 챙겨 넣었는가? 이제는 이별 선물을 줄 차례다. 여기서 설명하는 심신 훈련은 내가 합기도 수련에서 영감을 얻어 개발한 레너드 에너지 트레이닝 Leonard Energy Training, LET 의 일부다. 1973년에 개발한 이 훈련은 운동 선수, 기업 경영진, 관계 개선을 바라는 커플 등 약 5만여 명에게 적용한 바 있다. 이 훈련은 몸을 일상생활 속 분세를 해결하는 은유의 대상으로 삼는다. 또한 여기서 몸은 신체적이든, 정신적이든, 정서적이든 문제에 접근하는 방식을 새롭게 배우는 도구가 된다. 마스터를 향한 여정을 시작한 사람들에게 아주 유용한 훈련이다.

균형과 중심 찾기

균형을 잡는다는 건 몸의 머리부터 발끝까지 모든 무게를 좌우, 앞뒤로 고르게 분산시킨다는 것이다. 그리고 중심을 잡는다는 건 신체적 자각이 머리나 어깨가 아닌 단전에 집중되고, 몸의 움직임이 단전에서부터 시작되는 걸 말한다. 심리적인 균형과 중심은 신체적인 균형과 중심에 크게 좌우된다는 점을 명심하라.

균형이 위쪽에 쏠려 앞으로 나아가려고만 하는 대다수 서양인의 경우 복부에 집중하는 것만으로도 대단한 변화를 경험할 수 있다. 가령 큰 위기의 순간을 맞이했을 때 몸의 중심인 단전에 부드럽게 손을 가져다 대는 것만으로도 문제에 대처하는 능력과 태도가 달라진다. 다음과 같이 해보자.

평소처럼 자연스럽게 서서 이마를 몇 번 툭툭 두드리며 의식을 머리에 집중시킨다. 그런 뒤 파트너에게 뒤에서 어깨를 밀어달라고 부탁한다. 당신이 균형을 잃고 앞으로 한 발짝 내디딜 정도의 강도면 된다. 이번에는 똑같이 선 상태에서 단전을 몇 번 두드려 의식을 그곳으로 가져온다. 파트너에게 조금 전과 같은 강도로 뒤에서 밀어보라고 부탁한다. 아마도 대부분은 의식이 단전에 있을 때 몸의 균형이 덜 무너지는 경험을 할 것이다.

아래의 지시문을 읽어줄 파트너를 찾자. 그 사람에게 아래 글을 읽어달라고 하고 당신은 귀로 들으며 균형과 중심을 찾아가는 과정에 집중한다. 읽는 사람은 느리게 또박또박 읽되 말줄임표가 나올 때는 잠시 여백을 두도록 한다.

어깨 넓이보다 조금 더 넓게 발을 벌리고 선다. 두 눈을 뜨고 무릎이 과도하게 펴지지 않도록 주의하며 허리를 펴고 팔은 양옆에 자연스럽게 둔다. … 오른손의 손가락 몇 개를 단전에 가져다 댄다. 손으로 단전을 지그시 누른다. … 이제 오른손을 단전에서 뗀다. … 편하게 호흡한다. 호흡을 몸의 아래쪽으로 보내 단전을 통해 호흡을 느낀다. 들숨과 함께 복부를 앞뒤로, 골반 양옆과 아래로 확장시킨다.

편하게 호흡하며 팔목에 힘을 모두 뺀 채 팔을 앞으로 들어 올린다. 온몸이 흔들릴 정도로 양손을 강하게 흔든다. … 이제 천천히 양팔을 내려놓는다. 양팔이 다리를 스치는 순간 다시 두 팔을 천천히 들어 올려 앞으로 뻗는다. 따뜻한 바닷물에 서 있고 팔이 수면 위에 둥둥 떠 있는 느낌을 상상한다.

두 팔을 올릴 때 무릎을 살짝 굽힌다. 바다에 떠 있는 것처럼 손바닥은 바닥을 마주한 채 두 팔에 힘을 뺀다. 척추는 곧게 유지한다. 두 팔이 수평이 될 때까지 올린 후에는 수면 위에 있는 공을 천천히 밀어낸다는 느낌으로 손바닥을 수직으로 세운다. 어깨에 힘이 들어가지 않도록 주의한다. 주변의 기운을 손바닥으로 인지하는 것처럼 양팔을 왼쪽에서 오른쪽으로, 오른쪽에서 왼쪽으로 움직인다.

두 손을 한 번 털어내고 지금까지의 과정을 한 번 더 반복한다. 두 팔을 내려놓은 뒤 다시 물에 떠 있듯 앞으로 올린다. 팔을 올리며 몸을 살짝 낮춘다. 무릎을 굽히되 척추는 바르게 유지한다. 팔을 올린 상태에서 손바닥을 세운 뒤 온 세상을 손바닥으로 느끼듯 좌우로 움직인다.

이제 두 팔을 내리고 긴장을 완전히 푼 채로 자연스럽게 몸 옆에 둔다. … 두 눈을 감는다. 무릎을 과하게 펴지도, 굽히지도 않는다. 양쪽 발에 고르게 체중이 실리도록 한다. 양발로 미세하게 체중을 옮기며 몸의 균형을 찾는다. … 이제 발바닥 앞쪽과 발꿈치로 고르게 체중이 실렸는지 확인한다. … 무릎을 과하게 펴지도, 굽히지도 않는다. … 두 눈을 계속 감은 채로 준비가 되었을 때 좀 더 편안한 자세를 취한다. 이제 머리를 앞뒤로 조금씩 움직여보며 근육에 부담이 가지 않으면서도 척추와 일직선이 되는 위치를 가늠한다. 멀리 있는 방송국의 신호에 라디오 주파수를 맞추듯이 아주 섬세하게 위치를 찾는다.

이제 턱의 긴장을 푼다. … 혀와 … 눈 주변의 근육과 … 이마와 관자놀이, 머리 … 목 뒤편의 긴장을 푼다.

짧게 호흡을 들이마시며 어깨를 올려 긴장시킨다. 숨을 내쉬며 어깨를 내린다. 어깨는 앞으로 굽히는 게 아니라 따뜻하게 녹아내린 초콜릿처럼 아래로 툭 떨어뜨린다. 숨을 내쉴 때마다 어깨가 조금씩 귀에서 멀어진다. … 양팔과 손도 아래로 툭 떨어뜨린다. 양손이 녹아내린 듯 따뜻하고 무거운 느낌이 전해진다. … 이 느낌이 어깨뼈에서 … 흉곽의 앞뒤, 양옆으로 … 횡격막으로 점차 내려간다. 몸속 장기들이 편안하게 이완된다. 이제 골반 아래쪽을 이완시킨다.

온몸의 긴장을 푼다. 숨을 내쉴 때마다 긴장이 점차 사라진다. … 녹아내리는 듯한 편안한 감각이 다리를 거쳐 발로 전해진다. 따뜻한 발이 지면을 데우고 따뜻해진 지면이 다시 발을 데운다. 지구와 당신을 단단히 고정하는 중력의 따뜻한 품을 느낀다.

이제 몸의 뒤쪽으로 옮겨 갈 차례다. 자신의 뒤를 느낄 수 있다면 어떨 것 같은가? 어떤 느낌일 것 같은가? 등허리에 센서나 눈이 있다면? 목 뒤에 있다면? 무릎 뒤편에 있다면? 발꿈치 뒤쪽에 있다면? 두 눈을 감은 채로 뒤에 무엇이 있는지 대략적인 느낌을 감지할 수 있는가?

이제 전신을 자각하며 신체 부위 중 긴장되거나 뻣뻣하거나 저릿한 곳은 없는지 온몸 구석구석 살핀다. 그런 부위가 있다면 그곳으로 의식을 집중시킨다. 그것만으로도 해당 부위가 편안해질 수 있다.

다시 한번 호흡에 집중한다. … 호흡의 리듬을 인식한다. … 이제 들숨과 함께 두 눈을 뜬다. 어느 한 곳에 시선을 고정하지 않는다. 그저 세상을 받아들인다. 두 눈을 뜨고 편안하고 균형 잡힌 신체를 자각하며 천천히 걸음을 옮긴다. … 몸의 중심을 의식의 중심으로 삼는다. 이 훈련 뒤에 무엇이 다르게 보이고 느껴지는지 스스로 물어본다.

균형과 중심 훈련을 몇 번 하고 나면 점점 짧은 시간 안에, 심지어 단 몇 초 만에 모든 과정을 해낼 수 있다. 다시 한번 말하지만 우리의 몸은 세상 모든 것의 은유다. 대인 관계, 업무, 일상적인 일들, 당신의 삶 전체도 균형과 중심을 찾을 수 있다.

중심을 잃었을 때

마스터의 여정을 이어가다 보면 아무리 노련하고 균형이 잡혀 있어도 중심에서 벗어나는 순간이 찾아오기 마련이다. 그렇다고 절망할 필요는 없다. 이런 사태를 충분히 대비할 수 있다. 의식이 깨어 있다면 더욱 깊이 있는 균형과 중심의 상태로 되돌아갈 수 있다. 자신의 중심을 되찾는 훈련법 두 가지를 소개하고자 한다.

첫째, 두 눈을 감고 서서 자신의 균형과 중심을 찾는다. 무릎을 굽히고 허리를 앞으로 숙인다. 두 팔을 바닥으로 늘어뜨린다. 이 자세에 익숙해지면 갑작스럽게 상체를 세우고 곧장 눈을 뜬다. 억지로 평정을 되찾으려 애쓰지 말고 혼란스러운 느낌을 온전히 경험한다. 한 손을 몸의 중심에 올려 둔 뒤 점차 균형을 찾아간다. 조금 전에 느꼈던 감정을 인지한다. 잠시 균형을 잃은 뒤 오히려 더욱 중심이 잡히고 안정된 듯한 느낌이 들지 않았는가?

둘째, 눈을 뜨고 선 상태에서 균형과 중심 훈련을 한다. 눈을 뜨고 왼쪽으로 몇 번, 다시 오른쪽으로 몇 번 돈다. 약간만 어지러울 정도면 된다. 과하게 할 필요는 없다. 움직임을 멈추고 몸의 중심에 손을 가져다 댄 후 지면에 단단히 밀착된 발바닥을 인식하며 균형과 중심의 상태로 돌아간다. 조금 전에 느꼈던 감정을 자각하며 중심을 회복한다.

신체적 또는 심리적으로 중심을 잃을 때마다 앞서 두 가지 훈련을 하며 느꼈던 감정을 떠올려본다.

예상치 못한 불행을 긍정 에너지로 전환하기

아무리 철저하게 계획을 세워도 삶은 반드시 예상치 못한 충격을 안겨준다. 가장 준비가 되어 있지 않을 때 육체적 불행 또는 심리적 불행이 찾아온다. 가장 좋아하는 장신구를 분실하거나 사랑하는 이의 죽음을 경험하거나 직장에서 해고되거나 연인 또는 배우자와의 결별 등 무엇이든 예상치 못하게 찾아올 수 있다.

이런 불행에 무턱대고 맞서 싸울 때도 있지만 이런 대응은 오히려 불행에 더욱 큰 힘을 실어주는 것이다. 때론 마음을 굳게 다잡고 아픔과 충격을 부인하지만 그러면 모든 감정이 차단되고 어떤 긍정적인 배움도 얻지 못한다. 때로는 아무것도 하지 않은 채 탄식만 하기도 한다. 하지만 다른 방법도 있다. 심각한 일격에서 놀랍게도 에너지를 얻을 방법이 있다. 불행을 선물로 받아들이는 것이다.

우선 누군가에게 부탁해서 당신의 뒤에 조용히 서달라고 한다. 두 눈을 뜬 채 몸의 균형과 중심을 잡는다. 준비되면 양팔을 45도 각도로 벌린다. 이것을 신호로 뒤에 있는 사람은 조용히 다가와 당신이 놀랄 정도로 한쪽 손목을 잡는다. 예상치 못한 일격을 훈련하는 것이다.

이때 손목을 빼내려 하지도 말고 놀라지 않은 척해서도 안 된다. 그저 갑작스럽게 손목을 잡힌 것이 당신에게 어떤 영향을 끼치고 있는지 온전히 인식한다. 최대한 자세하게 그 느낌을 설명한다("심장이 튀어나올 것 같아." "놀라서 눈을 껌뻑거렸어." "왼팔에 갑자기 전기가 통하는 것 같았어." 등). 팔목을 단단히 붙잡힌 채로 느껴지는 감각을 묘사한다. 무엇도 숨기지 않는다. 지금 이 훈련에서는 물론이고, 실제로 일격을 당했을 때도 자신의 상황을 정면으로 마주하고 자신의 감정을 온전히 인지하고 인정하는 것이 중요하다.

설명을 마친 뒤에는 무릎을 살짝 굽혀 몸을 낮춰 균형과 중심의 상태로 돌아간다. 팔목은 여전히 잡혀 있는 상태다.

손목을 갑작스럽게 잡힌 일이 실제로 당신에게 어떤 에너지를 주지는 않았는지, 그 에너지가 실로 충만해서 현재 상황에 대처하는 데 활용하고도 남을 정도가 아니었는지 생각해본다. 깊이 심호흡한다. 혈관에서 퍼지는 아드레날린으로 인한 정신적 각성과 명료함이 온몸으로 자유롭게 퍼져나가도록 한다. 이제 뒤에 있는 사람은 붙잡았던 손목을 놓아준다. 당당하게 걸음을 옮긴다.

당신의 여정 중에 갑자기 닥칠 불행이 긍정적인 에너지로 전환될 가능성에 대해 생각해본다.

기氣 활용하기

일본어로는 키キ, 중국어로는 치氣, 그리스어로는 프네우마pneuma, 산스크리트어로는 프라나prana, 〈스타워즈〉의 '더 포스the Force'로 소개되는 개념이다. 고대 전통에 따르면 이 단어는 호흡에서 파생된 말로, 세상 만물을 잇고 모든 현상의 근원이 되는 우주의 근본적인 에너지를 가리킨다.

여러 동양 무술에서도 이 에너지에 대한 개념이 공통으로 등장한다. 자신의 몸 안에서 기를 운용하거나 외부 대상에

기를 투사해 무술가가 비범한 힘을 얻을 수 있다는 것이다. 몇 걸음 떨어진 곳에서 상대가 움직이지 못하게 만들거나 심지어 던져버리는 대가들의 전설은 수없이 많다. 가라테 수련자들은 근육에서 나오는 힘보다 더 강한 기를 통해 송판이나 콘크리트 벽돌을 깰 수 있다고 말한다.

그러나 아직 기를 측정할 방법이 없기에 회의론자들은 기의 힘을 암시, 즉 일종의 플라시보 효과로 본다. 물론 나 같은 실용주의자에게는 그리 중요치 않은 문제다. 기가 특히 중요한 역할을 하는 합기도 수련자로서 내가 기를 자각하느냐가 기술의 위력에 깊은 연관성이 있다는 것을 체험했기 때문이다(네 번째 비결을 참고하라).

기를 활용하면 훈련받지 않은 사람도 몸의 이완은 물론 힘의 증가를 경험할 수 있다. 또한 피곤하거나 스트레스가 쌓일 때도 도움이 되므로 마스터의 여정을 위한 가방에 챙겨야 할 유용한 아이템이다.

기의 힘을 시각적으로 확인할 수 있는 방법이 있다. 그런데 이 과정에는 의자에 앉은 당신을 누군가가 일어나지 못하게 힘으로 막는 동작이 있으므로 무릎이나 허리, 복부에 문제가 있다면 시도하지 않는 것이 좋다.

먼저 등받이는 있되 팔걸이는 없는 의자에 앉아 무릎에 손을 올려놓는다. 그 상태에서 몇 번 일어나는 연습을 해본다. 이제 이 훈련의 파트너가 당신의 양쪽 어깨를 잡고 힘으로 누르게 한다. 당신은 좀 전에 연습했던 것처럼 의자에서 일어나되 어깨를 짓누르는 힘에 맞서 근육의 힘을 사용해 자리에서 일어난다. 그러면 파트너는 당신이 일어나기 힘들 정도의 힘으로 어깨를 눌러야 한다.

이제 파트너가 당신의 몸에서 손을 뗀다. 당신은 잠시 의자에 그대로 앉아 긴장을 푼다. 가슴과 어깨의 긴장을 이완시킨다. 지면에 단단히 맞닿아 있는 두 발을 인식한다. 왼손을 복부로 가져가 들숨과 함께 복부가 확장되는 것을 느낀다. 다시 왼손을 무릎 위에 두고 복부를 확장시키는 호흡법을 몇 번 더 시행한다.

이제 자몽만 한 크기의 환한 빛을 내는 기 에너지가 단전에 자리하는 모습을 떠올린다. 호흡할 때마다 그 에너지가 함께 팽창되었다가 수축하는 모습을 그린다. 동그란 모양으로 응축된 기에 의식을 집중시킨다. 이제 파트너에게 조금 전과 같은 힘으로 당신의 어깨를 누르도록 한다. 이번에는 어깨에 전해지는 압력에 조금도 신경 쓰지 않는다. 기 에너지가 당신이 자리에서 일어나는 데 필요한 힘을 줄 거라고 믿는다. 단전에 자리한 기에 의식을 집중시키며 전과 같은 동작으로 자리에서 일어난다. 그리고 두 경험이 어떻게 다른지 의식한다.

기가 진짜로 있는 것이든, 심리적인 효과일 뿐이든 결국 당신이 직접 경험한 것이 중요하다. 무엇을 느꼈든 당신이 기를 만들어낸 것은 아니다. 기에 대해 가장 믿을 만한 학설에 따르면 기는 이미 존재하고 있다. 실제로 기는 어디에나 존재한다.

힘을 발휘하려면 힘을 빼야 한다

영어로 '힘'을 뜻하는 단어 파워 power 는 '할 수 있다'라는 뜻의 라틴어 포티스 potis, 프랑스어 푸부아르 pouvoir 에서 유래되었다. 뭔가를 할 수 있는 능력은 다른 사람들을 지배하는 것이 아니라 마스터리를 위한 자신의 잠재력을 깨닫는 데 쓰여야 한다. 힘은 결국 이완과 깊은 연관이 있다. 긴장된 근육은 결국에는 힘이 빠지듯, 엄격하고 경직되고 고압적인 태도는 실패할 수밖에 없다.

선 자세로 한 팔을 올려 수평으로 뻗는다. 어느 쪽 팔이든 관계없으나 여기선 오른팔을 올렸다고 가정하자. 오른손을 활짝 펴고 엄지손가락은 위를 향하도록 한다. 이제 파트너가 당신의 오른편에 서서 손목 부분을 위로 밀어 올리고 팔꿈치는 아래로 눌러 당신의 팔이 접히도록 할 것이다. 힘으로 저항하려 하지 않는다. 이때 팔꿈치가 접혀야지 어깨가 꺾여선 안 된다.

조금 전에는 파트너가 아무런 저항 없이 당신의 팔꿈치를 접었다. 이번에는 당신이 팔에 힘을 가할 때와 탄력을 더할 때, 이렇게 반대되는 두 가지 방법을 시도한다. 파트너는 당신의 팔을 굽히기 위해 점차 힘의 강도를 높여간다. 이때 파트너가 지나치게 힘을 쓰지 말아야 한다. 서로 힘을 겨루는 것이 아니라 당신이 힘을 쓰는 방식에 따라 어떻게 달라지는지 비교하기 위함임을 잊지 말자. 외부의 힘이 가해질 때 당신이 팔을 굽히지 않으려면 어느 정도 힘을 들여야 하는지 가늠하는 실험이라는 것을 명심하길 바란다.

그런 다음 첫 번째 방식을 시도한다. 팔을 쭉 뻗는다. 팔이 굽혀지지 않도록 근육에 힘을 준다. 파트너는 당신의 팔을 굽히기 위해 조금씩 힘을 가한다. 팔이 굽혀질 수도 있고, 버텨낼 수도 있다. 어느 쪽이든 당신이 얼마나 힘을 들였는지에 주목한다. 더 중요한 점은 이때 당신이 무엇을 느꼈는지다.

두 번째 방식은 다음과 같다. 조금 전처럼 한 팔을 앞으로 쭉 뻗는다. 단 이번에는 팔의 생명력을 인지하고 어깨에서부터 손가락 끝까지 전해지는 에너지의 흐름을 느낀다. 이제 당신의 팔은 강력한 레이저 광선의 일부이고 거기서 나온 광선이 손끝을 지나 당신 앞의 물체를 관통한 후, 지평선을 가로질러 우주의 끝까지 뻗어 있다고 상상한다. 광선의 직경은 당신의 팔 두께보다 넓어 당신의 팔은 레이저 광선의 일부가 되었다.

이해를 돕기 위해 이 광선을 기라고 생각해도 좋다. 당신의 팔은 긴장되지도, 경직되지도 않았다. 오히려 힘이 빠져 있는 쪽에 가깝다. 하지만 여기서 중요한 점은 이완되었다고 해서 축 처진 게 아니라는 것이다. 당신의 팔은 생명력과 에너지로 가득하다. 누군가 당신의 팔을 굽히려고 한다면 광선은 더욱 강하고 날카로워질 것이다. 그래서 굳이 힘을 들이지 않아도 당신의 팔은 강하다.

이제 파트너가 당신의 팔을 굽히기 위해 전과 같은 강도로 점점 힘을 더한다. 힘을 얼마나 들였는지 주목한다. 무엇을 느꼈는가?

압도적으로 많은 사람이 두 번째 '에너지가 흐르는 팔'이 첫 번째 '저항력을 발휘하는 팔'보다 훨씬 강했다고 답했다. 근육의 전기적 활동을 검사하는 근전도를 측정한 결과 사람들의 주관적인 느낌이 옳았다는 것을 확인할 수 있었다. 에너지가 흐르는 팔은 약간 굽혀질 수 있어도 저항력을 발휘하는 팔보다 버티는 힘이 훨씬 강했다.

이 결과가 보여주는 의미는 분명하다. 힘을 온전히 발산하기 위해서는 이완하는 것이 무엇보다 중요하다는 점이다. 몸을 우리 삶의 은유로 이해한다면 그 의미는 더욱 명확해진다. 무슨 일을 하든 경직되거나 긴장하지 않고도 강력한 힘을 발휘할 수 있다는 걸 깨닫는다면 삶이 얼마나 달라질지 생각해보자.

이 이별 선물이 당신의 여정에 큰 도움을 주길 바란다. 그리고 당신의 잠재력을 믿고 의지하기 바란다. 당신은 놀라운 진화의 결정체다. 당신의 DNA는 세상 그 어떤 도서관보다도 많은 정보를 보유하고 있다. 유전적으로 당신은 이 세상에서 가장 유능한 전문가이며 최고의 운동선수다. 특화된 감각기관을 지닌 생명체는 많지만 당신만큼 전반적인 지각 기관이 우수하고 통합된 생명체는 없다(인간은 육안으로 빛의 가장 작은 단위인 단일 광자를 감지할 수 있고 1,000만 가지 이상의 색을 구분할 수 있다).

당신의 두뇌는 우주에서 지금껏 밝혀진 것 중 가장 복잡한 기관이다. 빛을 발하며 복잡하게 소통하는 수십억 개의 뉴런은 그 어떤 컴퓨터의 능력도 하찮게 만들 정도로 위대하다. 실로 무한하다는 표현만이 당신의 창조력을 가장 명확하게 설명할 것이다.

나이, 성장 환경, 학력과 관계없이 당신을 구성하고 있는 것은 지금껏 한 번도 사용되지 못한 잠재력이다. 사용되지 못한 힘을 사용하고, 생이 다할 때까지 배움을 계속하는 것이 당신에게 주어진 진화적 운명이다. 이 운명을 따라 마스터의 여정에 오르는 것이 결코 쉬운 일은 아니지만 이것이 결국 인간이 가야 할 길이다.

멀리 보이던 목적지에 마침내 이르러도 다시금 이어지는 길을 향해 발걸음을 떼야 한다. 이 길은 끝나지 않는다. 이 여정을 어떻게 시작할 수 있을까? 첫발만 떼면 된다. 그러면 언제 시작할까? 지금이라는 생각이 들 때다.

긴 여정에 오르는
당신에게

"어떻게 해야 배우는 자가 될 수 있는지 말해 주시오."

질문보다는 요구나 협박에 가까웠다. 남자는 길고 검은 머리에 덥수룩한 콧수염, 19세기의 무법자 같은 투박한 옷 차림을 하고 있었다. 그는 캘리포니아의 빅서 해변을 따라 자리한 로스파드리스 국유림의 험난한 산지에서 불법으로 거주하는 산 사나이였다.

1960년대 후반, 교육에 관한 책의 최종 교정지를 넘기고

에설런 인스티튜트Easalen Institute에서 주말을 보내기 위해 샌프란시스코에서 남쪽으로 네 시간 동안 차를 몰아 목적지에 도착했다. 태평양을 마주한 로스파드리스 산자락의 평지에 자리한 산장으로 다가가자 콩가 드럼 소리가 들렸다. 산장 안에는 산 사나이처럼 보이는 남자를 중심으로 여덟 명의 사람들이 빙 둘러앉아 드럼을 치고 있었다. 드럼을 치고 싶은 사람을 모아 수업을 하고 있는 것 같았고, 그중 드럼 한 개는 주인이 없었다.

나는 빈자리에 앉아 드럼을 두드리며 수업을 따라가려 노력했다. 수업이 끝난 후 나가려는 내 뒤로 산 사나이가 다가와 내 어깨를 잡았다. 그는 의미심장한 눈으로 나를 뚫어지게 쳐다보며 말했다.

"당신은 배우는 사람이군."

나는 아무런 대꾸도 못 하고 가만히 서 있었다. 처음 보는 사이였고, 그는 내가 얼마 전 배움에 관한 책을 탈고했다는 사실을 몰랐다. 내 정장 차림 때문에 반체제적 문화의 악기인 콩가 드럼을 처음 접하는 사람으로 생각한 모양이었다. 내가 제법 빨리 배우는 것을 보고 적잖이 놀랐을 터였다. 그의 칭찬에 기분이 좋은 나머지 콩가 드럼을 쳐본 적이 있다는 말을 차마 하지 못했다.

그는 아세틸렌 용접으로 금속을 조각하는 조각가라고 자신을 소개하며 1년 동안 답보 상태에 빠져 아무것도 못 하고 있다고 털어났다. 그는 더 이상 배우는 사람이 아니었다. 그래서 산 위에 있는 자신의 거처로 가서 어떻게 해야 다시 배우는 이가 될 수 있는지 알려달라고 부탁했다. 그는 말을 마치자마자 곧장 밖으로 향했다. 나는 원한다면 바로 차에 올라 그를 따라가기만 하면 되었다.

당황스러운 초대였지만, 전설처럼 내려오는 산 사나이의 아지트에 가볼 수 있는 흔치 않은 기회였다. 나는 그의 초대에 응했다. 그의 낡아빠진 세단 뒤를 쫓아 가파르고 험준한 비포장도로를 지나 목초지를 가로지르자 바퀴 자국이 두 줄만 나 있는 진입로가 나왔다. 참나무와 마드론(진달래과의 상록교목—옮긴이), 월계수가 가득한 숲길이었다.

한참을 요란하게 요동치는 차를 몰고 가파른 경사를 낑낑대며 올라가자 마침내 해안산맥 정상에 펼쳐진 공터가 나왔다. 목조 건물이 몇 채 있었는데 방 두 개짜리 오두막집과

공구 창고, 금속 조각을 하는 조악한 작업실, 닭이나 토끼장으로 쓰였을 법한 우리 등이었다. 긴 드레스 차림에 금발 머리를 휘날리는 호리호리한 체형의 여성이 공터 끝에 유령처럼 서 있는 모습이 스치듯 눈에 들어왔다. 산 사나이는 그녀가 누구인지 소개하지 않았다.

그는 튼튼하게 지어진 오두막집으로 나를 안내했다. 전면에 난 거대한 창으로 약 1.2킬로미터 아래의 태평양이 내려다보였고, 늦은 오후의 태양 아래 빛나는 금속판처럼 바다가 반짝이고 있었다.

우리는 자리에 앉아 잠시 별 의미 없는 대화를 주고받았다. 내가 어디에 있는 건지 조금 혼란스러운 기분이 들었다. 몇 대의 콩가 드럼이 있는 것을 보니 19세기 초기의 개척자가 머물던 오두막인 것 같았다. 예상 밖의 초대, 험난했던 길, 신원 미상의 여인, 우거진 나무 사이로 반짝이는 광활한 바다까지, 마치 꿈을 꾸는 것 같았다.

자신의 작품을 보고 어떻게 해야 배우는 이가 될 수 있을지 알려달라는 산 사나이의 뒤를 말없이 따라나섰다. 그에게 어떤 조언을 할지 아무런 생각이 나지 않았다. 그는 자신

에필로그

이 작업한 순서대로 작품들을 소개하더니 이내 자신의 창의적 영감이 멈춘 지점, 배우는 이의 자리를 잃은 지점에 이르렀다. 그는 작품을 보다가 내 두 눈을 바라보며 아까 했던 질문을 반복했다.

"말해보시오. 어떻게 해야 배우는 사람이 될 수 있겠소?"

머릿속이 하얘졌으나 나는 나도 모르게 이런 말을 하고 있었다.

"간단합니다. 배우는 사람이 되고 싶다면 바보가 될 각오를 해야 합니다."

산 사나이는 생각에 잠긴 듯 고개를 끄덕이며 말했다.

"고맙소."

몇 마디를 더 나눈 후 산에서 내려왔다. 몇 년이 흐르고 나서야 그 우연한 대화를 단순히 60년대에 있었던 기이한 에피소드로 여기고 머리에서 지워버려선 안 된다는 걸 깨달았다. 이곳저곳에서 여러 아이디어를 접하다 문득 그날 그에게 건넸던 조언이 떠올랐고, 비로소 배움과 바보가 되려는 의지, 마스터와 바보 사이에 좀 더 깊은 연결 고리가 있다는 사실을 이해하기 시작했다.

마스터와 바보

여기서 바보는 멍청하거나 생각이 없는 사람을 가리키는 말이 아니다. 중세 시대의 어릿광대, 궁중의 광대이자 타로 카드에 그려진 천진난만한 얼굴을 한 광대를 말한다. 타로에서 광대는 0이라는 멋진 숫자를 상징하는데, 이는 만물이 탄생하는 비옥한 공백 상태, 새로운 것을 탄생시키는 무無의 상태를 의미한다.

스스로 지혜롭다고 여기는 한 젊은이가 선사를 찾아와 어떻게 해야 더욱 현명해질 수 있는지 묻는 오래된 이야기에서도, 위대한 배움을 구하기 위해서는 자신을 비워야 한다는 가르침이 등장한다. 선사는 젊은이의 잔에 차가 넘쳐흘러 옷을 적실 때까지 계속해서 차를 따르기만 한다. 찻잔이 가득 차 있으면 새로운 것이 들어갈 공간이 없음을 보여주고자 한 것이었다.

대체로 젊은 사람은 나이 든 사람보다 새로운 것을 더 빨리 배운다. 왜 그럴까? 10대인 내 딸들은 새로운 춤을 쉽게 배우는데 왜 나는 그러지 못할까? 이 아이들은 바보처럼 보일 각오가 되어 있고 나는 아닌 걸까? 18개월 된 아이가 말을 배우는 과정을 한번 생각해보자. 아빠는 아이의 침대를 들여다보며 스키너가 '자유 조작적$_{free-operant}$'이라고 묘사한 행위를 아이가 열심히 하고 있는 모습을 바라보고 있다. 즉 아이는 아무 의미 없는 소리를 옹알대고 있다.

그러던 중 아이가 '아'라는 음절을 뱉는다. 그러자 아빠는 활짝 웃는 얼굴로 기쁨에 겨워 펄쩍펄쩍 뛰며 소리친다. "들었어? 내 아들이 '아빠'라고 했어." 물론 아이는 '아빠'라고 말하지 않았다. 그러나 18개월 된 아기에게 부모가 크게 웃으며 펄쩍 뛰는 것보다 큰 보상은 없을 것이다. 이제 아이가 '아'라는 음성을 낼 확률은 조금 더 높아졌다. 이것이 행동주의 심리학자들의 주장이자 우리의 상식이다.

아빠는 아들이 '아' 소리를 낼 때마다 기뻐하지만 얼마 지나지 않아 반응이 시들해진다. 그러던 어느 날 아이가 우연히 '아'가 아닌 '아빠'라는 말을 내뱉는다. 또다시 아빠는 기쁨에 겨워하고 이는 아이가 '아빠'라는 소리를 반복할 가능성을 높인다. 행동 강화와 반복을 통해 조금씩 근사치에 가까워지던 아이는 마침내 아빠라는 단어를 꽤 정확하게 발음할 수 있게 된다. 여기에 이르기까지 아이는 옹알이를 하고 수많은 실수를 저지르고 반복하며 정확한 발음에 근접하도록, 즉 바보가 되도록 허용되었을 뿐 아니라 적극적으로 장려되었다.

하지만 이런 허용이 없었다면 어땠을까? 조금 전의 상황을 다시 떠올려보자. 아빠가 18개월짜리 아들이 놀고 있는 침대를 내려다보고 있다. 아이는 옹알이를 하다가 '아'라는 소리를 냈다. 아빠는 엄격한 얼굴로 아이를 보며 이렇게 말한다. "아니, 틀렸어! 정확한 발음은 '아빠'야. 자, 따라 해보렴. 아빠. 아빠. 아빠."

어떤 일이 벌어질까? 아이 주변의 어른들이 이런 식으로 반응한다면 아이는 말을 배우지 못할 가능성이 크다. 아마도 언어 장애와 심리적 문제에 시달릴 것이다.

앞의 상황이 너무 극단적이라고 생각한다면 부모, 친구, 학교, 사회가 당신이 뭔가를 배우는 과정에서 즐겁고 재미있게 즐기며 마음껏 실수를 저지르도록 허용하지 않은 탓에 배움의 기회를 박탈당했던 적이 없었는지 잠시 생각해보실 바란다. 바보 같아 보일까 봐 두렵다는 생각에 새로운 것을 시도하지 못했던 적은 얼마나 되는가? 즉흥적으로 어떤 행

에필로그

동을 하고 싶지만 유치하게 보이진 않을지 스스로 검열했던 적은? 너무도 안타까운 일이다.

심리학자 에이브러햄 매슬로Abraham Maslow는 대단히 높은 수준의 잠재력을 발휘한 사람들에게서 어린아이 같은 면(그는 이를 '제2의 순수함second naivete'이라고 불렀다)을 발견했다. 인류학자 애슐리 몬터규Ashley Montagu는 네오테니neoteny('갓 태어난'이란 뜻의 neonate에서 파생되었다)라는 용어로 모차르트와 아인슈타인 같은 천재들의 특징을 설명했다.

우리는 친구가 엉뚱한 짓을 하거나 실수할 때는 바보 같다며 인상을 찌푸리곤 하지만 세계적으로 유명한 천재가 엉뚱한 일을 벌이거나 실수를 할 때는 괴짜라고 여기며 미소를 짓는다. 바보처럼 굴 수 있는 자유야말로 천재의 비결이자 말하는 법처럼 아주 기본적인 뭔가를 배우는 비결임을 전혀 생각하지 못한다.

유도의 창시자 가노 지고로嘉納治五郞는 늙어서 죽음이 가까워지자 제자들을 불러 자신이 죽으면 흰 띠를 둘러 묻어달라고 말했다. 이 얼마나 감동적인 이야기인가. 세계 최고의 유도 고수가 죽음을 앞두고 초심자를 의미하는 흰 띠를 원하다니! 하지만 이 이야기를 듣고 나는 가노의 뜻이 겸손보다는 현실주의에 가까웠다는 것을 알았다.

최후의 변화가 일어나는 죽음의 순간에서는 누구나 흰 띠다. 죽음 앞에서 초심자라면 삶에서도 마찬가지일 것이다. 마스터의 비밀 거울 속에는 계속해서 지식을 갈구하고 바보가 될 준비를 마친 신입생의 얼굴이 보인다. 가노의 이야기는 마스터의 길을 가는 모든 사람이 해결해야 할 과제이자 늘 새롭게 다가올 도전일 것이다.

이제, 당신은 흰 띠를 맬 준비가 되었는가?

에필로그

마스터리 Mastery

초판 1쇄 발행 2021년 11월 11일
초판 3쇄 발행 2022년 1월 21일

지은이 조지 레너드
옮긴이 신솔잎
발행인 이종원 | **발행처** ㈜도서출판 길벗 | **브랜드** 더퀘스트
주소 서울시 마포구 월드컵로 10길 56(서교동) | **대표전화** 02-332-0931 | **팩스** 02-322-0586
출판사 등록일 1990년 12월 24일 | **홈페이지** www.gilbut.co.kr | **이메일** gilbut@gilbut.co.kr

책임편집 오수영(cookie@gilbut.co.kr) 김세원 유예진 송은경 | **제작** 이준호 손일순 이진혁
영업마케팅 정경원 최명주 김도현 | **웹마케팅** 김진영 장세진 | **영업관리** 김명자 | **독자지원** 윤정아

디자인 디자인 유니드 | **교정교열** 김순영 | **CTP 출력 및 인쇄** 예림인쇄 | **제본** 예림바인딩

ISBN 979-11-6521-720-4 03190
(길벗 도서번호 090152)
정가 16,000원